梅洛龐蒂

Maurice Merleau-Ponty

楊大春◎著

出版緣起

　　二十世紀尤其是戰後，是西方思想界豐富多變的時期，標誌人類文明的進化發展，其對於我們應該具有相當程度的啓蒙作用；抓住當代西方思想的演變脈絡以及核心內容，應該是昂揚我們當代意識的重要工作。孟樊教授和浙江大學楊大春教授基於這樣的一種體認，決定企劃一套「當代大師系列」。

　　從一九八〇年代以來，台灣知識界相當努力地引介「近代」和「現代」的思想家，對於知識份子和一般民眾起了相當程度的啓蒙作用。

　　這套「當代大師系列」的企劃以及落實出版，承繼了先前知識界的努力基礎，希望能藉這一系列的入門性介紹書，再掀起知識啓蒙的熱潮。

　　孟樊與楊大春兩位教授在一股知識熱忱的驅動下，花了不少時間，熱忱謹慎地挑選當代思想家，排列了出

版的先後順序，並且很快獲得生智文化事業公司葉忠賢
先生的支持，因而能夠順利出版此系列叢書。

　　本系列叢書的作者網羅有兩岸學者專家以及海內外
華人，為華人學界的合作樹立了典範。

　　此一系列書的企劃編輯原則如下：

1. 每書字數大約在七、八萬字左右，對每位思想家
   的思想進行有系統、分章節的評介。字數的限定
   主要是因為這套書是介紹性質的書，而且為了讓
   讀者能方便攜帶閱讀，提升我們社會的閱讀氣氛
   水準。

2. 這套書名為「當代大師系列」，其中所謂「大師」
   是指開創一代學派或具有承先啟後歷史意涵的思
   想家，以及思想理論與創作具有相當獨特性且自
   成一格者。對於這些思想家的理論思想介紹，除
   了要符合其內在邏輯機制之外，更要透過我們的
   文字語言，化解語言和思考模式的隔閡，為我們
   的意識結構注入新的因素。

3. 這套書之所以限定在「當代」重要的思想家，主
   要是從一九八〇年代以來，台灣知識界已對近現
   代的思想家，如韋伯、尼采和馬克思等先後都有
   專書討論。而在限定「當代」範疇的同時，我們

　　基本上是先挑台灣未做過的或做得不是很完整的
思想家，做為我們優先撰稿出版的對象。

　　另外，本系列書的企劃編輯群，除了上述的孟樊教
授、楊大春教授外，尚包括筆者本人、陳學明教授、龍
協濤教授以及曹順慶教授等六位先生。其中孟樊教授為
台灣大學法學博士，向來對文化學術有相當熱忱的關
懷，並且具有非常豐富的文化出版經驗以及學術功力，
著有《後現代的認同政治》（揚智文化公司出版）、《當
代台灣新詩理論》（揚智文化公司出版）、《大法官會議
研究》等著作，現任教於佛光人文社會學院文學所；楊
大春教授是浙江杭州大學哲學博士，目前任教於浙江大
學哲學系，專長西方當代哲學，著有《解構理論》（揚智
文化公司出版）、《德希達》（生智文化公司出版）、《後
結構主義》（揚智文化公司出版）等書；筆者本人目前任
教於政治大學東亞所，著有《馬克思社會衝突論》、《晚
期馬克思主義》（揚智文化公司出版）、《中國大陸學》
（揚智文化公司出版）、《中共研究方法論》（揚智文化公
司出版）等書；陳學明先生是復旦大學哲學系教授、中
國國外馬克思主義研究會副會長，著有《現代資本主義
的命運》、《哈貝瑪斯「晚期資本主義論」述評》、《性
革命》（揚智文化公司出版）、《新左派》（揚智文化公司

出版）等書；龍協濤教授現任北京大學學報編審及主
任，並任北大中文系教授，專長比較文學及接受美學理
論，著有《讀者反應理論》（揚智文化公司出版）等書；
曹順慶教授現為四川大學文學與新聞學院院長，專長為
比較文學及中西文論，曾為美國哈佛大學訪問學人、南
華大學及佛光人文社會學院文學所客座教授，著有《中
西比較詩學》等書。

　　這套書的問世最重要的還是因為獲得生智文化事業
公司總經理葉忠賢先生的支持，我們非常感謝他對思想
啓蒙工作所作出的貢獻。還望社會各界惠予批評指正。

　　　　　　　　　　　　　　　　　　　　李英明
　　　　　　　　　　　　　　　　　　　序於台北

序

　　關於學業上的博專問題，言人人殊。筆者以〈索倫·祈克果的精神概念〉為題獲得博士學位，此後一直專攻現代西方哲學，且逐步限定在當代法國哲學的幾個人範圍內，視野是越來越窄。但還是有人說我研究得太雜，問我究竟研究祈克果、德希達，還是傅柯，我現在又對梅洛龐蒂和列維納斯有了興趣，或許人們更會有話要說。雖說筆者的研究不那麼精深，但也並非道聽途說，人云亦云。而是盡可能讀些原著，並有所體會。搞西學的人往往面臨這般尷尬：難以與西人對話不說，與國人也日漸隔閡。雖然我始終也有「居無定所」、「漂泊流離」之感，但我絕不是一個跟風的人，我往往力求動中尋靜。

　　許多搞西學的名流都談到學術要「古今中外」，但我始終認為這是至為困難的事。況且這樣的遠大目標沒

有任何用處。一個本科學生做畢業論文，論文選題是「海德格與莊子比較研究」，我想這是「古今中外」的一個典型案例。我不知道這種比較研究的真正學術價值和社會價值何在。當然，賢能名流因為學識豐厚，做得會很出色，但依然是空空泛泛的。照我的想法，還不如認真地讀幾本原著，把他人的思想先介紹過來再說。透過日積月累，或許最終能有所體會。

透過幾年的閱讀和思考，我形成了這樣一個基本的概念，對於二十世紀西方哲學而言，單用語言學轉向實不足以說明其豐富性以及差異性。要有更好的把握，應該建構由身體、他者和語言組成的一個完整圖式。這就是我對梅洛龐蒂感興趣的原因，他典型地代表了這三者構成的統一圖景。結合傅柯、德希達、列維納斯、沙特和李克爾諸人，我想我會對法國哲學形成更為全面的認識。如果進而回顧我對祈克果的研究，就可以較為完整地反映出從近代哲學到現代哲學再到後現代哲學的演進以及發展。梅洛龐蒂是我感興趣的這一研究的一座橋樑。

我關注梅洛龐蒂已有數年，翻譯了他的《哲學贊詞》（大陸譯為《哲學贊詞》）、《世界的散文》和《行為的結構》（第一本已經出版，後兩本已經交稿），算是有些體會，但寫作起來並不那麼順暢。現在交出這個幼稚之

作，還望仁智方家批評指正。需要說明的是，此書的寫
作盡可能地借助於梅洛龐蒂的法文原典，《知覺的首要
性及其他論文》和《符號》因手頭沒有法文版，借助的
是英譯本。《知覺現象學》、《知覺的首要地位及其哲學
結論》、《眼與心》則參照了已有的中文譯本，但基本上
按照自己的理解重新譯過。翻譯是一種帶有個人理解的
東西，寫作專書和專文的時候，最好以原典為準，但有
一個參照會幫助很大，可以吸收別人的長處，同時避免
其錯誤。所以我雖然沒有直接引用中譯，但還是應該感
謝這些書的譯者。《哲學贊詞》雖然直接從我本人的中
譯引用，也做有一些改動。

最後，我要說的是，我與生智出版公司的諸位先
生、女士交往多年，一直獲得他們的多方關照，我理應
拿出一些像樣的東西來回謝他們。可自1996年以來，因
為進入新的「原始積累」時期（從零開始自學法語到翻
譯法文原典，從研究傅柯和德希達轉向研究梅洛龐蒂和
列維納斯），因為應付學校各種考核（在規定級別的刊物
和出版社發表成果，幫助研究生發表相應成果），一直未
能抽出時間、沒有理清思路來為生智寫點什麼。早就應
該完成的這本小冊子，也數度推遲動筆。如果沒有孟樊
先生、葉忠賢先生、宋宏智先生的督促和鼓勵，或許還
要拖些時日。所以，在是書出版之際，我要由衷地感謝

生智出版公司的各位友人。

楊大春

於杭州蔣村

目　錄

出版緣起　i

序　v

第一章
超越含混與明證：作品－風格之維 / 1
一、生平與作品 / 2
二、含混的風格 / 9
三、學說的命運 / 21

第二章
在主觀與客觀之間：主題－視域之維 / 35
一、現象學諸主題 / 37
二、知覺的首要性 / 50
三、科學源於知覺 / 62

四、哲學嚮往藝術 / 75

第三章
超越物性與靈性：心靈—身體之維 / 91

一、現代哲學與身體的造反 / 93

二、行為超出於生理與心理 / 102

三、身體主體與身體意向性 / 124

第四章
超越表象與詩意：語言—表達之維 / 151

一、現代哲學與語言學轉向 / 154

二、言語表達源於身體經驗 / 167

三、語言在傳承和創新之間 / 177

第五章
超越內在與外在：他人—社會之維 / 189

一、現代哲學與他人的浮現 / 191

二、主體間性即是身體間性 / 203

三、文化世界與人的社會性 / 219

第六章
在繼往與開來之間：綜合—評論之維 / 235

一、超越主體形而上學 / 236

二、在結構分析的途中／240

三、堅持一種保守姿態／244

參考書目／249

第一章

超越含混與明證：
作品—風格之維

一、生平與作品

　　莫里斯·梅洛龐蒂（1908-1961）是當代法國著名哲學家、政論家，現象學運動中的著名代表人物。他於1908年3月14日出生在法國西南部的羅舍福爾的一個天主教家庭，早年喪父。1919年就讀於勒·阿弗爾中學，1923年轉學巴黎路易·勒格朗中學。1926年進入法國著名的巴黎高等師範學校，並於1930年獲得學士學位，通過中學哲學教師資格考試。

　　大學期間，梅洛龐蒂結識了沙特（Satre）、西蒙·波娃（de Beauvoir）、李維斯陀（Levi-strauss）、伊波利特（Hypolite）、雷蒙·阿宏（Aron）等人。在學業方面，他沒有接受巴黎大學的布倫茨威格（Brunschvicg）的古典理性主義傳統，但卻把他作為了自己的哲學思考的一個重要契機。他的興趣主要在柏格森（Bergson）的直覺主義方面，這對他的影響應該是比較大的，從他在法蘭西學院就職講演的傾向性就可以看出這一點來。透過旁聽古爾維茨（Gurvitch）1928年至1930年在巴黎大學的課

程，他初步瞭解了胡塞爾（Husserl）和海德格
（Heidegger）的思想，他還於1929年在巴黎大學聽過胡塞
爾的講座。但是，這一時期，「對胡塞爾和海德格的這
種瞭解還沒有導致他對他們進行持久的研究。」（參考書
目54，p.751）

　　大學畢業後，梅洛龐蒂先是服兵役約一年，隨後任
教於多種公立高中。在波維和夏特爾等地任教期間
（1931-1935），他對胡塞爾思想有了更多的接觸，但現象
學在他的思想中仍然不具有特別的地位。他在1933年用
來向國家科學基金管理處申請科研資助的「關於知覺的
本質的研究計畫」中，他把批判的矛頭對準批判主義的
「知覺是一種智性活動」的觀點。該計畫根本沒有提到現
象學或者胡塞爾，它是從他透過紀堯姆（Guillaume）和
古爾維茨得以熟悉的格式塔心理學成果出發的（參考書
目29，pp.77-79）。但在1934年為申請延長資助而寫的
〈知覺的本質〉中，開始關注胡塞爾現象學對於知覺問題
的意義，他提到，「當前，特別是在德國，出現了一些
新的哲學思考，它們對批判主義的主導思想提出了質
疑。」不過，他似乎主要還是借助二手資料來瞭解胡塞
爾，參考書目中僅列有後者的《純粹現象學與現象學哲
學的觀念》一書（參考書目29，pp.83, 87-91, 104）。

　　梅洛龐蒂於1935年至1939年在巴黎高等師範學校擔

任輔導教師。在此期間，他旁聽柯杰夫（Kojeve）講授黑格爾（Hegel）的《精神現象學》，與柯杰夫保持著密切的個人接觸，並受到其影響，於是，「他在三〇年代比沙特更迷戀於黑格爾。」（參考書目54，p.753）辯證思維也因此成為了其思想中的一個重要方面，這是一種與分析的思維方式有別的綜合的思維方式。也正是在這一時期，他開始向一些學術刊物投稿，主要是書評，比如1936年就發表了評論馬塞爾（Marcel）的《存在與擁有》的文章。根據施皮格伯格（Spiegelberg）的看法，要確定馬塞爾對於梅洛龐蒂哲學的意義非常困難。我們可以看到他們的術語、論題以及某些結論方面的驚人的一致，當然，他們的最終觀點是根本不同的。施氏認為，至少從馬塞爾向梅洛龐蒂的某種滲透似乎是可以講得通的一種假設（參考書目54，p.753）。

梅洛龐蒂於1938年完成其《行為的結構》，該書四年後在法蘭西大學出版社發表。他在1939年閱讀了《國際哲學雜誌》悼念胡塞爾的專輯，在同年4月到魯汶的胡氏檔案館查閱其未刊稿，並與胡塞爾弟子芬克（Fink）進行交流。他的許多作品都反映出胡塞爾未刊稿對他的影響。他於1939年9月至1940年9月再度服兵役，任陸軍少尉。退役後任高中哲學教師。他在1941年與沙特等人創立名為「社會主義與自由」的抵抗運動組織，但一年左

右就解散了。1942年曾參與胡塞爾手稿移交巴黎保管的
計畫。在1945年，他出版了其代表性著作《知覺現象
學》，同年7月將《行為的結構》和《知覺現象學》作為
博士論文提交，隨後透過答辯並獲得博士學位。也是在
這一年，他與沙特等人共同創辦了《現代》雜誌。

　　在1945年至1948年期間，梅洛龐蒂任教於里昂大
學。1945年起任講師，1947年兼任高等師範學校講師。
1947年，他在法國哲學學會發表了題為「知覺的首要地
位及其哲學結論」的演講，並於同年出版了《人道主義
與恐怖》。在1948年，他出版了論文集《意義與無意
義》，升任教授，並成為「革命民主聯盟」的發起人之
一。1949年至1952年，他任索邦大學教授，主講兒童心
理學和教育學。他於1951年在第一屆國際現象學會議上
作了題為〈論語言現象學〉的報告，開始撰寫未能完稿
或者乾脆就是放棄了的《世界的散文》。

　　梅洛龐蒂於1952年起任法蘭西學院教授，繼任拉威
勒（Lavelle）的教席，而後者是柏格森教席的繼承者。
他在法蘭西學院發表的就職演講名曰「哲學贊詞」。他於
1955年出版《辯證法的歷險》，嚴厲批評沙特。西蒙·波
娃為此以《梅洛龐蒂與冒牌的沙特主義》進行了激烈的
反批評。在1959年，他參與創立統一社會黨，開始撰寫
《可見的與不可見的》。他在1960年出版了論文集《符

號》。1961年1月，他的《眼與心》發表於《法蘭西藝術》
雜誌，同年5月3日，他因病逝世於巴黎家中。

　　梅洛龐蒂積極參與政治活動，擔任《現代》雜誌的
政治編輯，並在該雜誌上發表了大量涉及共產主義運
動、法國共產黨、蘇聯的強制收容所方面內容的政治性
的文章。他同時還和沙特一起編輯出版該雜誌附屬的系
列叢書和「哲學文庫」。這是他和沙特的友誼和關係的非
常重要的方面。他和沙特相識於大學期間，後者比他早
兩年入學。他們之間真正的友誼則始於1940年至1944年
的抵抗運動。1950年，韓戰爆發，這種友誼中斷了，他
們就該事件的評價發生了尖銳的分歧。沙特更靠攏共產
黨，而梅洛龐蒂在政治上開始保持沈默，並於1952年辭
去雜誌的編委職務。在他於1955年發表的《辯證法的歷
險》中，他清算沙特的思想，並且考察了馬克思主義歷
史哲學的不足。在這本小書中，我們不打算涉及他有關
政治方面的思考。

　　我們前面已經提到了梅洛龐蒂的學術背景和受到的
學術影響。就他直接接受的純粹哲學方面的重要影響而
言，應該集中在胡塞爾、海德格和沙特。他主要接受的
是胡塞爾後期思想，往往用胡塞爾後期思想來貶低其早
期思想。按照我的看法，他立足於以某種創造性誤讀的
方式來確立自己的思想並因此超越胡塞爾。他對海德格

的引述不多，尤其關注後者有關時間性和在世存在的描述，大體上認爲他是與晚期胡塞爾思想一致的。海德格似乎也沒有注意到梅洛龐蒂的工作。

梅洛龐蒂與沙特的關係要複雜一些。在他的《辯證法的歷險》集中批判沙特的哲學和政治學之前，他從來沒有充分而明確地陳述過他與沙特的分歧，直到那時爲止，他只是特別提及沙特關於想像和情感的研究（早在1936年就發表了有關沙特《論想像》的書評），認爲它們是胡塞爾晚期現象學心理學的出色範例，而對於《存在與虛無》中的現象學本體論則很少提到（參考書目54，p.751）。沙特在梅洛龐蒂生前也沒有直接評論過他的哲學，特別是他的現象學。雖在《現代》雜誌爲梅洛龐蒂逝世而出版的專號上，發表了長篇的動人肺腑的悼念文章，主要也是在追述他們二人的曲折友誼和工作方面的事情，沒有對作爲現象學家的梅洛龐蒂做出特別的評論（參考書目54，pp.738-739）。

在法國哲學家普遍多產的意義上說，生命有限因此寫作時間不夠的梅洛龐蒂的作品不算多，但也不算少了。這些作品中既有長篇巨著，也有短篇精作。主要作品包括逝世前業已發表的《行爲的結構》（*La Structure du Comportment,* 1942）、《知覺現象學》（*Phénoménologie de la Perception,* 1945）、《人道主義與恐怖》（*Humanisme et*

Terreur, 1947）、《意義與無意義》（*Sens et Non-sens,* 1948）、《哲學贊詞》（*Éloge de la Philosophie,* 1953）、《辯證法的歷險》（*Les Aventures de la Dialectique,* 1955）、《符號》（*Signes,* 1960）、《眼與心》（*L'Oeil et L'Esprit,* 1961年發表於《法蘭西藝術》雜誌，1964年單獨出版）；未完成的《可見的與不可見的》（*Le Visible et Invisible,* 1964）；未完成的甚或有意放棄的《世界的散文》（*La Prose du Monde,* 1969）。

　　其他一些演講稿、講課稿、筆記或論文集經整理正式出版的有：《知覺的首要地位及其哲學結論》（*Le Prima de la Perception et Ses Conséquences Philosophiques*）、《法蘭西學院講稿摘要：1952-1960》（*Résumés de Cours. Collège de France 1952-1960*）、《1959-1961講課筆記》（*Notes de Cours 1959-1961*）、《生存與辯證法》（*Existence et Dialectique*）、《馬勒伯朗士、比朗和柏格森那裡的心身統一》（*L'Union de L'Âme et du Corps chez Malebranche, Biran et Bergson*）、《論自然：法蘭西學院筆記與講稿》（*La Nature. Notes et Cours du Collège de France*）、《旅程》（Parcours）等。

　　如果我們想初步把握梅洛龐蒂的思想，或許只需閱讀《知覺的首要地位及其哲學結論》即可；如果想全面地評介其哲學思想，洋洋巨著《知覺現象學》也差不多

夠了；但如果要真正把握其哲學意蘊，還得關心風格各
異的《符號》、《世界的散文》、《可見的與不可見的》
諸卷；如果要領略其哲學情懷，我們必定提到他的雋永
短篇《哲學贊詞》；最後，如果要探尋其哲學的「全部
起源和秘密」，我們不得不回到他的第一部力作《行為的
結構》。

二、含混的風格

　　梅洛龐蒂的哲學思想以「含混」（ambiguïté，或譯曖
昧）著稱，《行為的結構》已經見出此種傾向之端倪。
是書於1942年初次出版，接下來就是《知覺現象學》於
1945年刊行。此後他的思想就獲得了「含混哲學」的名
聲。這是一種有人否定、也有人肯定的別具特色的哲
學。阿爾吉耶（Alquié）於1947年第一個以「含混哲學」
來稱謂它，包含的是某種貶義。但阿爾封斯‧德‧瓦埃
朗（A. de Waelhens）在第一部系統論述梅洛龐蒂哲學的
專著《含混哲學：梅洛龐蒂的存在主義》中則在肯定的
意義上使用「含混」一詞。施皮格伯格表示，「將梅洛

龐蒂的思想說成是含混的哲學是有些過分了。」（參考書
目54，p.785）然而，梅洛龐蒂本人似乎認可了「含混」
之稱謂。到《行為的結構》於1949年再版時，竟然以瓦
埃朗所寫的〈含混哲學〉一文為序。

　　事實上，梅洛‧龐帝承認自己哲學的含混性，並在
《哲學贊詞》中為此進行辯護：「哲學家承認他不可分割
地擁有對明證的喜好與對含混的意識。當他滿足於接受
含混時，這被稱為歧義。在大哲學家那裡，含混變成為
主題，它有助於確立確定性而不是對此構成威脅。」（參
考書目28，p.2）梅洛龐蒂要求在好的含混與壞的含混之
間進行區分，要求我們放棄擁有絕對或者絕對知識的權
利，因為「造就一個哲學家的是不停地從知識導向無
知，又從無知導向知識的運動，以及在這一運動中的某
種寧靜」（參考書目28，p.2）。或許我們可以說梅洛龐蒂
的含混是相對於分析哲學的精確性而言的，人文哲學家
則始終被含混包圍著。

　　畢生追求明證性的胡塞爾始終走在回到先驗主觀性
的「途中」，而沒有能夠「到家」，這或許表明含混是必
經的環節，甚至是始終無法被超越、被克服的。柏格森
的「綿延」和「生命衝動」概念則是更為直接的佐證。
我們當然也可以聯想到德希達（Derrida）對於海德格的
解構，在他看來，海氏的此在概念雖然不是人，然而又

非人之外的什麼（參考書目14，p.127）。這顯然包含的是
一種含混姿態。而德希達本人始終把自己的哲學定位在
邊緣地帶，尤其是始終處於哲學與文學之間，在形而上
學與虛無主義之間運動。又比如說傅柯（Foucault），他
的知識型概念、他的經驗概念都是對於傳統哲學的簡單
二分的突破，都意味著某種含混地融通對立姿態的努
力。梅洛龐蒂和傅柯的經驗概念都是某種不局限於經驗
主義的感覺的東西，當然更不是所謂的純粹經驗意識，
而是某種以人的身體感受爲核心向四周輻射的東西，有
時似乎只能意會，不能言傳。而這就是含混的意思之所
在。

　　梅洛龐蒂似乎只認可胡塞爾的現象學，而且是其後
期的現象學。但是，真正說來，他是從胡塞爾晚期關於
主體間性（intersubjectivité）的思想出發，並接受海德格
關於「在世存在」（être-dans-le-mond）的學說的影響，才
發展出自己獨特的現象學思想的。它的核心乃是肉身化
的（incarné）的「在世存在」，包含著「自我」、「世界」
和「他人」三個重要的主題，具體表現爲三重關係：
「肉身化自我與世界的關係、知覺意識與語言表達的關
係、肉身化自我與他人的關係。」（參考書目15，p.71）
在《行爲的結構》中，儘管這三重關係都涉及到了，但
明顯重視的是第一重關係，他人問題有一定地位，語言

問題則是一筆帶過。嚴格地講，主要論述的是第一重關係。梅洛龐蒂斷然否定傳統意義上的認識主體與認識對象的截然二分，賦予身體以主體地位，在許多地方都突出了強調身體地位的「知覺主體」，並且否定純粹的思維主體。我們同時注意到，處處談到的「身體」概念和僅有一處提及的「肉身化」概念還沒有與「主體」或「自我」直接並聯，也就是說雖然重視「身體」和「肉身化」，也在很大程度上表明了其地位，但還沒有「肉身化主體」（sujet incarné）、「身體主體」（corps-sujet）之類概念。我們可以把該書的宗旨表達爲對意識與世界、身體與心靈的關係問題的探討。含混的行爲概念是統一兩者的橋樑，知覺概念占有一定的地位，包含了知覺現象學的胚胎，但並不成熟。

　　儘管如此，我們可以毫無疑問地看到，這是一部充滿含混色彩，進而使梅洛龐蒂後來的作品都罩上含混陰影的作品。《行爲的結構》要理解意識與自然的有機的、心理的和社會的關係，非常明顯，它拒絕純粹認識論立場，懸置了「純粹事物」意義上的「自然世界」。在《知覺現象學》中，他在被知覺世界的名義下進行探討，涉及的是打上了人的烙印的自然世界和意味著他人存在的「人類世界」。這類似於胡塞爾的「生活世界」、海德格的「周圍世界」。在《可見的與不可見的》、《論自然》

和《眼與心》等作品中似乎回到了「自然」這一主題，
但並不是爲了突出機械的、物質的涵義，他所用的「野
性的存在」（être sauvage）、「蠻荒的存在」（être brut）、
「可逆性」（réversibilité）、「世界的肉」（chair du mond）
等概念，要表達的不過是人與自然的更爲原始的、而非
認識論意義上的關係。梅洛龐蒂在否定機械論的同時，
處處否定自己是萬物有靈論的，但我們無法擺脫他的思
想帶有這種神秘的萬物有靈論色彩的印象，這同樣表明
了其思想的含混。

　　梅洛龐蒂面對著大量的實驗心理學材料，他利用其
中的格式塔理論（Gestalttheorie）的成果來批判古典的反
射學說（Réflexologie）和行爲主義（Behaviorisme）心理
學，同時也意識到了格式塔心理學本身的局限。在他看
來，它沒有能夠擺脫「自然主義」，沒有能夠從中引出哲
學結論：「格式塔心理學家從來都沒有引出他們的描述
的哲學結論。在那個方面，他們還停留在古典的框架
內。最終說來，他們把被知覺世界的結構看作是某些物
理和生理過程的簡單結果，而這些過程發生在神經系統
中，完全決定著格式塔和對格式塔的經驗。機體和意識
自身只是外部物理變數的函數。最終說來，眞實的世界
是科學所設想的那種物理世界，而且它產生了我們的意
識本身。」（參考書目12，p.23）該書最爲重要的章節無

疑是第四章「心身關係及知覺意識問題」。梅洛龐蒂力圖
以一種格式塔現象學來克服樸素的實在論、經驗論和唯
理論的身心二元論，並且分析了康德批判思想的貢獻與
不足。

　　在《行為的結構》中，梅洛龐蒂的宗旨是總結清理
現代哲學傳統。現代哲學之父笛卡兒（Descartes）的身
心二元論始終是他批駁的目標，又是其哲學生成的動機
和源泉。然而，這種圍繞現代性展開的批判和建構工
作，具有明顯的不足和缺限。在由克瑞因（Crane）和彼
得遜（Patterson）主編的一本名為《心身問題的歷史》的
論集中，多位學者從各個角度論及了身心關係問題的眾
多方面（僅在兩處稍微提及梅洛龐蒂），並且把這一問題
總結為三種傳統或範式：亞里斯多德（Aristotle）範式、
笛卡兒範式、科學唯物主義或物理主義範式。對照分
析，《行為的結構》明顯忽視了對亞里斯多德傳統的分
析借鑑。真正說來，笛卡兒傳統和物理主義傳統從其本
意來說並不帶有含混性。笛卡兒二元論把心身分別看作
是具有思維和廣延屬性的互不依屬的實體，心身關係表
現為「心是機器中的幽靈」，這裡似乎沒有任何含混可
言。物理主義把意識看作是身體的派生物，借用現代科
學的幌子，並追隨科學的進展而不斷更新其表述，畢竟
也談不上什麼含混。真正的含混傳統或許應該回到亞里

斯多德範式，因為亞氏在《論靈魂》中把心靈看作是身體的形式，出現了「身體的靈化」和「心靈的物化」問題，這恰恰是「肉身化主體」概念包含的主旨。或許梅洛龐蒂的著述中隱含著一種亞里斯多德主義？當然，笛卡兒還是為梅洛龐蒂留下了不少可供利用的資源，所以梅洛龐蒂才有這樣的說法：「知覺著的機體似乎向我們顯示了一種笛卡兒式的心身混合物。」（參考書目12，p.4）這些資源當然屬於那些諸如用松果腺來連接身心之類的被稱作「偽笛卡兒主義」的東西，而不屬於真正的笛卡兒主義。

　　近代哲學的根本特徵就在於追求純粹意識的透明性，甚至胡塞爾也是如此，隨後還有個別哲學家亦然。笛卡兒把只具思維特性的心靈當作獨立實體分離出來，康德接下來使先驗自我功能化以消除實體性，胡塞爾比康德更為徹底，但沙特仍然認為胡塞爾關於「意識活動與意識活動對象」的意向性結構中包含有「質料」的陰影，於是讓作為「無我之思」的「自為」徹底地擺脫了身體，變成了真正的純粹意識。梅洛龐蒂借助於海德格的「在世存在」概念來消解胡塞爾和沙特的內在與外在、心靈與身體之二分，似乎回到了主張「身體的靈化」和「心靈的物化」的亞里斯多德傳統。意識介入世界，心靈與身體相融合，它們「在經驗的生動的統一體中不

可分離地連結在一起」。按瓦埃朗的評價，這種哲學克服
了作為超然見證者的意識，或者說以「介入意識」取代
了「見證意識」，表現為一種生存哲學，「這乃是《行為
的結構》與《知覺現象學》從不同的層次捍衛的根本主
題」（參考書目2，p.XI）。

這種介入意識顯然與科學思維有別。後者脫離與事
物的直接關係，把人的內在模式強加給自然，強迫自然
服從於人，使自然成為人的觀察和概念框架中的透明的
東西，從而使其失去了一切神秘：「科學操縱各種事物
而拒絕寓居於其中。科學賦予事物一些內在模式，並
且，由於向這些特徵或可變數施加它們的確定性所允許
的變形，它越來越遠地與眼前的世界形成對照。」（參考
書目5，p.9）在梅洛龐蒂看來，古典科學還保留著對世
界的不透明的情感，而現代科學則要求自然完全透明
（這或許類同於海德格的看法：科學理性和技術理性拷問
自然，讓其完全道出自身秘密）。於是他主張「科學的思
想、鳥瞰的思想、對象一般的思想應該被重新放回某種
預先的『有』中，放回到風景之中，放回到可見的世界
和加工過的世界的土壤之上（這些世界在我們的生活之
中是為我們身體的，不是容許堅持身體是一部資訊機器
的那種可能的身體，而是我稱之為我的身體的那種真實
的身體，是在我的言語和行為下面沈默無聲的哨兵）」

（參考書目5，p.12-13）。這表明，我們應該把自然維持一種生存關係，而不是客觀的拷問和考察關係。

顯然，在其強調生存、否定超然客觀的意義上，我們認定梅洛龐蒂哲學乃為一種含混的哲學。在世存在的根本特徵就是含混。這意味著：生存不是理智探討的對象，知覺不是理智說明的對象，語言不是透明的工具，他人在「共同在世」中而不是知識結構中出場。也就是說，知覺不可能不含歧義、沒有神秘地清楚展示事物，語言不可能不含歧義、沒有神秘地表達我們對事物的知覺，他人不可能作為透明意識展開在作為透明意識的自我面前。梅洛龐蒂含混哲學當然包含有其他意義上的含混，但如上所說才是根本的。

對於這種生存含混性的強調是梅洛龐蒂作品的不變的主題，不同的作品、不同的時期只是從不同角度對於同一問題的展開。

《行為的結構》與《知覺現象學》從根本上是一致的，後者只是比前者「更為完備」。原因就在於，如同瓦埃朗所說，描述人的行為和他對於事物的知覺並沒有什麼差異（參考書目2，p.XII）。當然，《行為的結構》因為更多地是在清理傳統，因此批判的、「消極的」成分更多一些；但是，雖然《知覺現象學》的重點是建構，它依然包含著許多批判的內容（尤其是對經驗主義和理

智主義兩種心理學傳統的批判分析），也因此包含消極的
因素。尤其是就批判笛卡兒主義而言，兩書完全是一致
的。按照瓦埃朗的看法，真正的差異在於：從總體上
看，《行為的結構》把自身置於不是自然的而是科學的
經驗層次，它利用科學經驗來批判科學經驗，或者說肯
定一部分科學經驗，否定另一部分，而《知覺現象學》
則建立在質樸的自然經驗基礎之上。當然，儘管存在著
這樣的差別，「《行為的結構》的主題卻始終服從《知覺
現象學》的主題」（參考書目2，p.XI）。所以兩者之間的
關係是順理成章的。

　　梅洛龐蒂的前後期作品之間也是一致的。在《知覺
的首要地位及其哲學結論》中，他有這樣的一個說法，
「我的最初兩本書試圖恢復被知覺世界。我在準備中的作
品旨在表明與他人的溝通，還有思想是如何占據並超越
那個把我們接納到真理中的知覺領域的。」（參考書目
12，p.3）也就是說《知覺現象學》和《行為的結構》旨
在探討知覺和被知覺世界的性質，實際上探討的是肉身
化主體和被知覺世界的關係。而後來的著作，主要指未
能完成的《世界的散文》和《可見的與不可見的》兩本
專著，旨在探討表達問題、與他人的溝通問題，實際上
是肉身化主體與文化世界的關係問題，簡單地說就是表
達問題。這是不是意味著前後期不一致呢？當然不是這

樣。在我們看來，表達問題一方面繼續探討人與世界之間的生存的而非認識的知覺關係，另一方面則更為明確地涉及到與他人的關係。但這些方面均是前期作品中已有探討的問題。在《知覺現象學》中，分別有專門章節探討表達和他人問題，即「作為表達與言語的身體」和「他人與人類世界」。當然，後來的表達觀不再完全圍繞身體而展開，開始超出對於單純肉身化的強調，開始在一定的範圍內關注語言的自主、自足方面。但正像他自己處處強調的，知識與交流無法脫離知覺基礎。

實際上，與《知覺現象學》同一時期出現的有關藝術和文學的探討已經見出所謂的後期思想的萌芽。後來的工作不過旨在清理其哲學意義、得出其哲學結論而已。在其作為法蘭西學院教授候選人提交給格魯爾特（Gueroult）的一份關於他作為一個哲學家的過去和將來的個人作品說明中，梅洛龐蒂表示，自1945年以來，他一直在從事某些旨在「明確地定位最初那些作品的哲學意義」，並且完全與它們相關聯的一些新的研究，因為這些新的研究從它們那裡獲取了自己的「路線」和「方法」。這是一些與「被知覺世界問題」稍微有別的問題：「如果我們超出被知覺世界來思考通常所謂的知識領域——即心靈在其中尋求擁有真理，規定它的對象本身，並因此去獲得一種普遍的、不繫於我們的處境之特殊性的

智慧之領域——那麼，我們就必須問：被知覺世界的領
域不是呈現出一種簡單現象的形式嗎？純粹知性不更是
知識的一種新泉源，我們與世界的感知熟悉性與之相比
只不過是一種粗糙的、未成形的草圖嗎？我們被迫去回
答這些問題，首先是運用真理理論，然後是主體間性的
理論，關於這兩個方面，我在我的某些論文如〈塞尙的
疑惑〉、〈小說與形而上學〉和論歷史哲學的《人道主義
與恐怖》中已經觸及到了。但這些論著的哲學基礎還需
要獲得嚴格的精心闡述。我現在正致力於兩本有關真理
理論的書。」（參考書目12，pp.6-7）所以，梅洛龐蒂並
沒有超出其知覺理論，他要把這種知覺的首要性貫徹到
智性領域，或者說所謂的純粹科學、純粹形式的領域也
有知覺的源泉：「在我看來，知識及其所預設的與他人
的交流對知覺生活來說不但是原初的形態，而且甚至當
它們改造知覺生活時仍保留並繼續著我們的知覺生活。
知識與交流昇華了而不是壓制了我們的肉身化。」（參考
書目12，p.7）總之，梅洛龐蒂哲學始終關注含混的領
域，也因此始終停留在含混之中。

三、學說的命運

　　沙特、梅洛龐蒂、馬塞爾、列維納斯（Levinas）、李克爾（Ricoeur）等著名哲學家構成爲較爲嚴格意義上的法國現象學學派。當然，這個流派的範圍還可以擴大，眞正說來，結構一後結構主義、後現代主義陣營中的傅柯、德希達、李歐塔（Lyotard）、布爾迪厄（Bourdieu）也都可以歸屬這一流派。不過，後面四位更多地帶有解構而不是建構的性質，往往不願意過多地把自己局限在比較專門或者嚴格的哲學範圍之內，而是借助現象學的方法來探討其他學科（歷史學、文學、社會學），並因此產生了更爲廣泛的學術影響，爲後來的新歷史主義、文化研究等思潮奠定了理論基礎。高宣揚先生在《布爾迪厄》中把法國現象學分爲八大派別，分別把沙特、梅洛龐蒂、列維納斯、李克爾、德希達、傅柯、李歐塔、布爾迪厄列爲代表（參考書目46，pp.10-11）。這是我所見的最爲明確而精緻的劃分，但我不知道他把馬塞爾放在哪一派別。

　　且不管上面所列諸位是繼承發揚還是批判解構，現象學味尤爲濃厚者當然應該限定在梅洛龐蒂、沙特、列維納斯、李克爾、德希達和傅柯等人。這幾位哲學家的共同點是從德國現象學家胡塞爾出發（傅柯明確否定現象學方法，目標主要針對胡塞爾對於先驗主觀性的強調，但他在潛意識中接受了許多現象學的東西），但他們接受了胡塞爾不同作品或不同階段的思想；他們也都在海德格那裡獲得啓發，比如傅柯聲稱他的整個哲學發展是由於閱讀海德格（參考書目20，p.703）。但他們心目中的海德格也多有差異。這樣，他們都從現象學出發開始哲學研究，但最終走向卻各不相同。國外學者往往在考慮他們的現象學背景的同時探討他們各自思想的獨特性。國內較少從現象學角度考慮這些哲學家：通常在存在主義名義下（有時則冠以現象學存在主義之名）討論沙特、梅洛龐蒂，在解釋學名義下討論李克爾，列維納斯難以歸類，傅柯和德希達則理所當然地被納入與現象學針鋒相對的後結構主義之列。無論從國外還是從國內看，在我們前面所講的不嚴格的現象學範圍之內，目前的總體情況是：沙特和馬塞爾已經是昨日黃花，傅柯和德希達則一直紅紅火火，梅洛龐蒂、列維納斯、李克爾則日漸成爲關注的對象。在後面三個人中，梅洛龐蒂可謂一位嚴格意義上的現象學家。

　　梅洛龐蒂是在胡塞爾晚期思想和海德格在世存在學說影響下，借助於當代心理學，尤其是格式塔心理學成果，透過批判反思以笛卡兒爲代表的法國近代哲學傳統、以柏格森爲代表的現代法國哲學傳統而提出自己的獨特哲學學說的。應該說國外學術界對梅洛龐蒂的研究是比較充分的。雖說他的哲學在國外從來都沒有像胡塞爾和海德格哲學那樣成爲顯學，但還是受到了相當程度的重視。法國學術界和出版界對其著作的整理、出版是相當盡力的：梅洛龐蒂的著作和未完稿、講課稿、筆記大多已經出版發行或者不斷再版發行；其作品也已經廣泛地在世界各地發行，英文版、德文版、日文版的出版已經相當可觀；大量的研究性專著、論文或介紹性作品獲得出版；研究現象學或二十世紀法國哲學的著述也都會用相當篇幅探討梅洛龐蒂思想；在網際網路上查詢，可見其名字充斥各類文章或者作品中。1982年，《精神》（*Esprit*）雜誌曾經出版過梅洛龐蒂評論專輯。眾多的已有成果足以讓人產生壓抑、壓迫和焦慮：我們是否還能有所作爲？

　　對其思想的評介也是全面深入的，一些研究者從現象學、存在主義和西方馬克思主義等一般角度進行介紹和研究，另一些則著眼於前後期差異這樣的更爲深入的問題；一些研究者對梅洛龐蒂與笛卡兒主義、柏格森主

義、沙特哲學等法國主流傳統的關係進行了到位的分析，另一些則考慮到了梅洛龐蒂在現代哲學向後現代哲學轉折過程中的仲介作用。這使我們得想一想，還有什麼可以選擇的新角度？

對梅洛龐蒂評價相當高。儘管不是所有的人都注意到了梅洛龐蒂的地位，但一般都認為他是與沙特齊名的存在主義哲學家，在現象學方面，其地位甚至高於沙特。比如德孔布（Descombes）在《同一與他者》（英譯《現代法國哲學》）一書中，肯定了梅洛龐蒂的現象學成就的持久影響，認為他透過拋棄沙特的自在與自為的二律背反，「開啟了在法國眾所周知的生存現象學」（參考書目25，p.56）。施皮格伯格在《現象學運動》中則明確地說：「如果我們說，沒有梅洛龐蒂，特別是沒有梅洛龐蒂的《知覺現象學》，現象學就會如同在沙特手裡越來越明顯地表現的那樣，有更長時間仍然只不過是存在主義的工具，這大概是不會錯的。更確切地說，如果沒有梅洛龐蒂，如果沒有他的學術風度，現象學就很難如此迅速地取得這樣的聲望。是他透過他的宏大業績為現象學贏得了這種聲望。」（參考書目54，p.783）

日本學者鷲田清一認為，梅洛龐蒂是戰後胡塞爾思想引起廣泛注意，即「現象學的文藝復興」，進而達到「現象學的徹底化」的推動者。與此同時，他又是現象學

的最徹底的批判者，是試行了「現象學解構」的人（參
考書目61，pp.9-10）。在該作者看來，身體、他人、生活
世界、主體間性等後期胡塞爾專心致志地思考的主題
群，正是由於梅洛龐蒂才首次嚴密地被賦予了哲學上的
地位，並與他以後的工作一起，上升為現代哲學的主
題。身體問題和他人問題是隨後眾多哲學家探討的主
題，傅柯、高達瑪、李克爾、列維納斯等人都從不同角
度予以關注，梅洛龐蒂思想顯然是一個非常重要的環
節。事實上，許多研究者都注意到了他在這些方面的探
索性努力和貢獻。一些關於心理或生理治療的學說也在
梅洛龐蒂那裡獲得啓發；德國新現象學在這些方面尤其
受到了梅洛龐蒂有關看法的影響。

　　大陸學術界對梅洛龐蒂的研究始於二十世紀八〇年
代初，而新千年是一個轉捩點。在此之前，儘管出現了
一些積極的努力，但總體上相當薄弱。此後則出現了相
當可喜的趨勢。至於台港方面，筆者瞭解甚少，不便議
論。

　　王克千和樊莘森編的《存在主義述評》可能是大陸
學術界對梅洛龐蒂哲學進行的最早的評介，儘管篇幅不
長、材料不充分、評價有較強的意識形態成分，但畢竟
具有開創意義。該書對梅洛龐蒂的基本評價是：「他試
圖以胡塞爾現象學為基礎，闡明他以調和主觀唯心主義

與客觀唯心主義對立為軸心的存在主義」，是以超然於兩者的形式「宣揚他的主觀唯心主義的非理性主義」（參考書目47，p.57）。劉放桐為《存在主義哲學》撰寫了「梅洛龐蒂」一章，用比較長的篇幅對梅洛龐蒂哲學的基本特色以及前期哲學的各個方面（知覺理論、西方馬克思主義等）作了介紹，這是大陸較早對梅洛龐蒂思想進行的比較全面的評介，它承認梅洛龐蒂是「現代法國現象學和存在主義運動中一個地位僅次於沙特的著名人物」（參考書目48，p.346）。不過，該章內容對於梅洛龐蒂後期思想沒有涉及，對於他人問題未予以關注，而這個方面顯然是不應該被忽視的。

王炳文為《當代西方著名哲學家評傳》所寫的「梅洛龐蒂評傳」在介紹梅洛龐蒂現象學存在主義一般思想的基礎上，從心智哲學著眼探討其思想，直接涉及到身體問題、他人問題等更為全面的內容，這應該是大陸開始較為深入探討梅洛龐蒂思想的一個轉捩點，引用資料較為充分而且是從法文原文資料著手的。該評傳同樣承認梅洛龐蒂是「法國現象學和存在主義運動中地位僅次於沙特的哲學家」（參考書目49，p.79）。當然，儘管梅洛龐蒂在身心關係的探討方面有其地位，但將其列為心智哲學家畢竟是有些疑問的。

陳學明和李青宜從存在主義的馬克思主義角度評介

梅洛龐蒂思想，前者在《國外馬克思主義流派》中主要
探討了《人道主義與恐怖》、《意義與無意義》、《辯證
法的歷險》中的有關觀點，對他實現「存在主義與馬克
思主義的『綜合』」的努力進行了比較全面的評介，認為
他採取的是一種「含混態度」（參考書目50，p.402）；後
者在《當代法國「新馬克思主義」》中只是非常簡單地論
及作為「存在主義的馬克思主義」的梅洛龐蒂思想。

　　最新的探討要算尚新建為《走向新世紀的西方哲學》
所撰寫的「揭示知覺的奧秘：梅洛龐蒂」一節和陳立勝
在《自我與世界：以問題為中心的現象學運動》中有關
梅洛龐蒂的部分。前者儘管篇幅不長，但包含的內容豐
富，涉及了前後期各方面的思想，它這樣概括梅洛龐蒂
思想：「梅洛龐蒂的哲學自始至終貫穿一條主線：即試
圖根據『知覺第一』、『現象第一』的原則，解構笛卡兒
以來的二元論」，並認同「梅洛龐蒂是法蘭西最偉大的現
象學家」這一評價（參考書目51，pp.172, 186）。後者在
「身體意向性」、「沈默的自我」、「梅洛龐蒂論他人」、
「梅洛龐蒂論身體」的標題下較為全面地介紹了梅洛龐蒂
有關思想，但奇怪的是，沒有在「世界」這一標題下論
述其思想（參考書目55，有關章節）。按理有關世界的論
題是應該占有相當分量的，一是因為本書名為「自我與
世界」，世界當是二中之一；二是因為其他諸位學者都在

這一論題中獲得了評述；第三，梅洛龐蒂有關論述是非常豐富的。當然，如果不是因為前面兩個理由，也可以不去單獨探討世界問題，被知覺世界始終與知覺、身體、他人諸論題無法分離開來。從總體上看，這兩篇關於梅洛龐蒂的東西在資料方面仍然沒有什麼突破。

到目前為止，在大陸有關刊物上發表的關於梅洛龐蒂的研究論文還比較少。較有價值的如郭紅發表的〈含混與回避：梅洛龐蒂哲學的基本特徵〉、香港學者劉國英發表的〈梅洛龐蒂的現象學方法〉以及錢捷的〈本體的詮釋：析梅洛龐蒂現象學的「肉體」概念〉，第一篇關注梅洛龐蒂哲學的含混特色，第二篇著眼於梅洛龐蒂哲學的方法，第三篇關注身體問題。這是三篇比較具有代表性的、有相當分量的論文。文學理論界的王岳川、蘇宏斌等人也就梅洛龐蒂的語言理論、美學思想進行了探討。

商務印書館最近推出的梅洛龐蒂的《知覺現象學》（姜志輝譯）和《哲學贊詞》（楊大春譯）表明，梅洛龐蒂的有關思想在大陸學術界開始產生一定的影響。《符號》、《世界的散文》、《行為的結構》、《可見的與不可見的》也將在商務印書館陸續推出。《知覺的首要地位及其哲學結論》則在北京三聯出版了，這是一篇難得的簡單入門書。在此之前，中國社會科學出版社還出版了

一本篇幅很小叫做《心與眼》的所謂美學文集，收錄了〈眼與心〉、〈間接語言與沈默的聲音〉、〈塞尙的疑惑〉等與藝術相關的作品。此外還可以見到包括《知覺現象學》前言在內的少量譯文。《現象學運動》、《二十世紀法國思潮》、《當代法國哲學家》等國外研究著作的翻譯使我們對於國外研究的情況能夠有所瞭解。目前在復旦大學和浙江大學均有研究生以梅洛龐蒂爲博士論文選題，還有學者以相關選題在國外獲得了博士學位。

　　儘管如此，大陸學術界對梅洛龐蒂的評介和研究總的來說是相當不夠的。我們可以從如下幾個方面看出欠缺：

　　第一，掌握的原始材料不充分，許多人都是利用英文材料，而且大多局限於《知覺現象學》；梅洛龐蒂的原著以及國外的介紹性和研究性著作的翻譯嚴重滯後和不足。早在八〇年代中期列入出版計畫的中譯《知覺現象學》，遲了十五年才面世。

　　第二，至今尙無一部關於梅洛龐蒂思想的專著出版，專題論文也非常少；先前專門論述現象學的著作都沒有關於梅洛龐蒂的章節，絕大多數甚至沒有提到梅洛龐蒂之名，就連提到梅洛龐蒂名字的相關論文也非常少。

　　第三，像現代外國哲學學會編的《現代外國哲學》

雖然出了十集，但卻沒有提到梅洛龐蒂，就連作爲在主
義專集的第七集也是如此；一共出了十四集的《外國哲
學》也沒有提到梅洛龐蒂；黃見德先生在《哲學動態》
1998年第三期發表的〈現象學研究在我國〉同樣沒有提
到梅洛龐蒂；《中國現象學與哲學評論》第三輯（2000
年1月）刊登了由謝勁松整理的97、98兩年大陸有關現象
學的專著、譯著及論文目錄彙編，數目蔚爲大觀，胡塞
爾、海德格盡顯風流，依然難覓梅洛龐蒂之名。這些情
況足以表明梅洛龐蒂還不是中國學術圈的重要話題。

　　第四，令人難以置信的是，大陸現代西方哲學方面
的教材林林總總，數量多得驚人，但直至2000年前沒有
一本把梅洛龐蒂作爲講授對象介紹給師生，趙敦華先生
算是填補了這方面的空白。

　　總之，與國外較爲活躍的氣氛形成對照，梅洛龐蒂
在大陸學術界卻一直沒有受到應有的重視。在已經過去
了的存在主義熱潮中，重視的是海德格和沙特；在持久
不衰的現象學熱潮中，重視的主要是胡塞爾和海德格；
在近年來的法國哲學熱潮中，則是結構與解構一統天
下。從總的情況看，我們可以這樣來說：在恢復對西方
哲學的正常評介和研究的二十多年裡，梅洛龐蒂哲學在
大陸學術界幾乎沒有什麼地位。之所以出現這種狀況，
可以作出如下的解釋：

　　其一，沙特和海德格都有很高的文學素養和詩意才華，其作品能夠將本來晦澀的學說轉換成較爲易讀、易懂的文學、戲劇或詩意之作，而梅洛龐蒂主要在傳統哲學背景中進行純粹哲理的探討，其作品不可能成爲時髦的東西，作爲一個只在哲學圈子內有其名的「哲學家的哲學家」，他注定不可能符合大陸八〇年代存在主義熱時的社會氛圍。當然，人們會說，胡塞爾同樣是純粹哲學家，不是也產生了那麼大的影響嗎？我的看法是，胡塞爾畢竟是開一代學風的哲人，對二十世紀的眾多大師級人物及眾多流派都產生了或正面或負面的影響，其思想在大陸得以受寵也就理所當然。而梅洛龐蒂畢竟是現象學運動中的一個分支，要廣泛傳播就有一定困難。

　　其二，海德格、沙特直接宣揚自由、自我設計、主體性等觀念，胡塞爾一直從事現象學還原，並且把目標鎖定在先驗的主觀性，他們似乎都有非常明確的意圖或目標，而梅洛龐蒂似乎沒有確定性的思想，似乎有過多的調和色彩，對重大問題採取含混姿態，以至於他的哲學被認爲是一種「含混哲學」。大陸學者特別在乎這一點，每每忽視其哲學的獨創性方面，從而不容易看到譯介其思想的必要性。

　　其三，與法國哲學在大陸的總體研究狀況有關。英語一直是大陸學者最普遍地掌握的外文工具，德國哲學

傳統上一直在大陸是主要的譯介對象，所以英美哲學、德國哲學也就一直獲得學術界較多的關注。法國哲學由於掌握法語的哲學工作者較少，其研究也就相對落後。許多人都從二手材料開始，沙特資料比較多，容易把握，其他人就要困難一些。如今情況大爲改觀，有許多人認識到法國哲學的重要性而學習法語，從國外回來的人也日漸多起來，但這主要與大陸後現代主義熱有關。可以說，如今法國哲學在大陸地位凸顯，但畢竟是結構、解構一統天下，法國現象學已被超越，梅洛龐蒂當然也就難有出頭之日。

當然，梅洛龐蒂哲學在大陸學術界的境遇可能會出現轉折。商務印書館已經推出的梅洛龐蒂的《知覺現象學》和《哲學贊詞》，以及今後還將繼續推出的《符號》、《可見的與不可見的》、《行爲的結構》等作品或許是一個標誌。隨著後現代熱的逐漸降溫，隨著對二十世紀哲學的整體反思和回顧的要求，人們正回過頭來清理包括現象學一存在主義是如何向結構一後結構主義過渡的這樣的問題。事實上，胡塞爾現象學不僅爲現象學一存在主義運動提供了方法論，而且也間接地影響了二十世紀後半葉的後現代主義思潮。在國外，這方面的探討已經有一些人在進行，大陸這方面的工作也有待展開。正是在這樣的背景下，像梅洛龐蒂這樣的一些具有

過渡性質的哲學家就日益重要起來。

我們認爲，展開梅洛龐蒂研究是非常重要的。這是基於這樣的認識和評價：梅洛龐蒂是現象學運動的重要人物，是法國現象學的最主要的代表，也是當代法國最著名的哲學家之一。他不是像人們一般認爲地那樣僅僅在從事某種沒有創新意義的調和折衷工作，相反，他是一個具有開拓性意義的哲學家，他透過批判繼承法國哲學傳統，運用現象學方法，在胡塞爾開始意識到，但沒有進一步展開的地方拓展現象學的領域，推動了現象學向身體領域、他人領域、語言領域的深入展開。他的有關研究對當代法國哲學（比如從現象學方法到結構－解構方法的過渡）以至當代整個西方哲學都有促進作用，尤其是使現象學運動進入到了一個全新的階段（比如新現象學、語言現象學）。概而言之，他是西方哲學由現代性向後現代性轉折的關鍵人物之一。

在本人看來，基於已有的研究成果，應該在對梅洛龐蒂哲學進行總體把握的基礎上，從身體理論、他人理論、語言理論等角度進行更爲深入的研究。我們無疑應該注意到德國現象學傳統和格式塔心理學對他的影響，但更應該立足於法國哲學背景，清理他對法國哲學主流傳統（以笛卡兒爲代表的理智主義、以柏格森爲代表的反理智主義）的批判繼承；探討他與其他法國現象學哲

學家（沙特、列維納斯、李克爾）的相互關係；分析他對一些曾經在不同程度上受現象學影響但最終超越現象學的哲學家（李維斯陀、拉岡[Lacan]、傅柯等結構一後結構主義或後現代主義哲學家）的影響。筆者目前正承擔一個國家教育部課題，擬在這方面做些探討，而這本小冊子算是一種最初的勾勒梅洛龐蒂思想之輪廓的工作。

第二章

在主觀與客觀之間：
主題—視域之維

　　隨著黑格爾對傳統哲學的完成，西方哲學產生了分化。現當代哲學不再關注純粹的對象意識（本體論）或者純粹的自我意識（認識論），而是關注科學理性（以及技術理性）昌盛時代的各種邊緣性問題，身體問題、話語問題、他者問題逐步成爲哲學關注的新的焦點。在近代哲學中，這些方面一直被意識分析（心靈的首要地位、語言和意識的絕對透明、普遍意識對於差異的克制）、被強勁的科學理想所覆蓋。因此應該進行反思，尤其是現象學意義上的反思，也就是進行現象學還原。這種反思或者還原實際上包含著批判科學並嚮往藝術的指向。梅洛龐蒂在《知覺現象學》中明確表達了自己的現象學取向，這是一種來自胡塞爾，尤其是後期胡塞爾，卻又明顯有別的方法論建構。與歐洲大陸近代哲學一直延續到胡塞爾的先驗主觀性走向形成對照，梅洛龐蒂表達的是一種力圖超越主觀與客觀的二分或對立的立場。按照他自己的表述：「現象學的最重要的收穫無疑是在它關於世界或關於合理性的觀念中把極端主觀主義與極端客觀主義結合起來了。」（參考書目1，p.xv）

一、現象學諸主題

　　梅洛龐蒂是一位嚴格意義上的現象學家，但他的現象學有其獨特的視域選擇。胡塞爾在晚期重視生活世界問題，重視主體間性問題，在其哲學中似乎出現了轉向。但這種轉向既非單純地源於哲學的內在動機，也非完全出自於外在目的。作為二十世紀上半葉的一位哲學家，胡塞爾當然必須正視社會的和學理的各種危機，不可能因為現象學懸置而把自己懸在半空中，但對危機的思考也始終不可能偏離哲學的視域。胡塞爾因此在維護自身哲學的一以貫之的使命的同時，力圖為時代的危機尋求解決的途徑或者說為問題的解決提供基礎。他的晚期思想於是力圖達到一石二鳥的目的。海德格同樣如此，他面對著當下的社會危機和科學技術的基礎危機，他力圖透過現象學還原為危機的克服找尋路徑，他把現象學與人的在世存在聯繫在一起。

　　梅洛龐蒂重視現象學方法，同樣考慮的是人的在世存在問題。他和海德格一樣，沒有照搬胡塞爾的思想，

他有自己對現象學的一套描述和規定。但他並不因此處處表白自己與胡塞爾之異，而是時時維護胡塞爾，往往以批評別人誤解胡塞爾的名義，推出自己版本的現象學。在人們眼裡，梅洛龐蒂有把自己的意思強加給胡塞爾之嫌。但他本人則力圖讓人們感覺到，他要麼讀出了胡塞爾思想中應有之「義」，要麼找到了其「盲點」。按他的看法，人們相信「解釋就是不得不要麼歪曲要麼一字不差地重複」，但眞正重要是發現作品中的「非思」（l'impensé）。而胡塞爾思想確實存在著這種所謂「非思」，「當胡塞爾行將完成自己的生命旅程時，存在著來自胡塞爾的非思，這對於他是千眞萬確的，而且它向別的東西開放。」（參考書目28，p.142）梅洛龐蒂的工作就是要表達出胡塞爾的「非思」，利用這些「非思」及其開放性，重新表述胡塞爾的思想。因此，他的現象學是「梅洛龐蒂版的胡塞爾現象學」，尤其是晚期的胡塞爾現象學——在《行爲的結構》的一個註釋中，他明確表示，他是從胡塞爾晚期意義上來界定現象學還原的（參考書目2，p.236）。

　　梅洛龐蒂首先告訴我們，現象學並不是憑空出現的，相反，它在哲學史上有其源泉，而他自己的現象學在胡塞爾那裡有其源泉。雖說如此，我們不能夠以文本解釋的方式去爲現象學尋根究源，我們應該對現象學探

取一種現象學的態度：「對文本的語文學評註不能給出任何東西，我們在文本中所找到的只不過是我們置於其間的東西。如果說歷史曾經呼喚解釋，這當然是指哲學的歷史。正是在我們自身中我們找到了現象學與其真實意義的統一。問題不在於注重引文，而在於為我們確定和對象化這一現象學，以便我們的許多同時代人透過閱讀胡塞爾和海德格，感受到的不是接觸一種新的哲學而是認出了他們所期待的東西。」（參考書目1，p.II）

　　從這段話裡，我們似乎看出「一切歷史都是現代史」這樣的意思。它實際上要表明現象學的處境意識。現象學始終面對著活生生的生活世界，始終因時因人因地之別而呈現出不同的面貌。於是，沒有已經完成的現象學形態，現象學長期以來始終停留在「開始、困境與期望狀態」（參考書目1，p.II）。在他本人那裡，現象學顯然不是先驗主觀性問題，不是意識活動對於意識對象的構造這樣的問題，而是涉及到「人與世界、與他人、與自己」的活生生的真實關係，具體表現為從藝術角度對科學進行批判，表現為語言問題、身體問題和他人問題等。在本節中，我們先簡單地由《知覺現象學》引出這些主題，隨後各章則結合他的其他原著分別進行探討。

（一）對世界採取「非科學」的立場

　　梅洛龐蒂首先要求對世界採取「非科學」的立場。

　　和其他現象學家一樣，梅洛龐蒂主張現象學就是「回到事物本身」，他同時表示，這首先意味著「否定科學」（參考書目1，p.II）。這要表明的是：「我不是決定我的身體或者我的『心靈』的多種多樣的因果性的結果或交織，我不能夠將我作為世界的一部分，作為生理學、心理學與社會學的簡單對象加以思考，也不能夠將我關閉在科學的世界之外。我就世界所知道的一切，甚至借助於科學所知道的一切，也是從我自己的某種觀點或關於世界的某種經驗出發的，沒有這一觀點或經驗，科學的符號不會說出任何東西來。整個科學世界建立在實際經驗（vécu）世界的基礎上，如果我們打算嚴格地思考科學本身，精確地評價其意義與影響，我們就應該首先喚醒世界的經驗，科學在其間只是次要經驗。」（參考書目1，p.II-III） 可以看出，梅洛龐蒂否定超然的科學、客觀的科學，我們與世界的關係是某種原初的關係，其他的任何手段，包括科學，都只能用來確證這種關係，而不能構成這種關係。

　　這種還原同樣否定科學的哲學，否定反思分析。梅

洛龐蒂寫道：「在我們身上不倦地被宣布出來的與世界的關係絕不是任何可以透過分析而能夠弄得更加明白的關係：哲學只能重新把這種關係置於我們的審視之下，讓我們來確認它。」（參考書目1，p.XIII）在梅洛龐蒂看來，科學就在於「賦予事物一些內在模式」，這意味著構造，這就把胡塞爾放在了他要否定的科學立場之列。胡塞爾顯然強調內在意識對於事物的構造意義，而所謂的構造無疑是把內在的某些框架或者形式加予對象。梅洛龐蒂明確否定這種立場：「世界不是我擁有其構造規則的一個對象，它是自然環境和我所有的思想、我所有的清楚的知覺的場所。眞理並不僅僅寓居於『人的內部』，或毋寧說不存在人的內部，人是在世的，只是由於在世他才能夠自我認識。當我從常識的獨斷論或者科學的獨斷論回到自我時，我找到的不是內在眞理的中心，而是一個與世界聯繫在一起的主體。」（參考書目1，p.V）

這當然不是說梅洛龐蒂直接指責胡塞爾，他委婉地表示，人們局限於這樣理解胡塞爾是不對的，因爲胡氏的未刊稿始終表明這種先驗還原是不可能的，「還原的最大教益是一種完全還原的不可能性。這就是胡塞爾總是重新拷問還原的可能性的原因。如果我們是絕對的精神，還原就不成其爲問題。但是既然我們相反地在世界之中，既然我們的種種反思在反思尋求竊取的時間之流

中獲得位置（既然像胡塞爾所說的，我們的反思在自我
流動），那麼就不存在著把我們的全部思想包容在內的思
想……根本的反思是意識到它自己對於作為其原初、持
久和最終處境的未經反思的生活的依賴。」（參考書目
1，p.IX）一切都並非客觀自在的，但也並非是純粹主觀
的。梅洛龐蒂力圖發現人與自然的原始關係，發現人是
在世的，強調單純的先驗性和單純的自在性都是有疑問
的。最終說來，胡塞爾對於先驗主觀性的追求恰恰給我
們提供的是相反的啓示，即必須回到生活世界，這是一
條超越科學的客觀性和先驗的主觀性的道路。他的弟子
們（包括梅洛龐蒂）抓牢的正是這一點。

（二）他人問題

一個非常重要的方面是他人問題。

在《知覺現象學》中，梅洛龐蒂認為胡塞爾的現象
學還原是先驗唯心主義的，因此沒有給予他人以獨立地
位。在先驗唯心主義意義上，世界被當作是在保羅與皮
埃爾之間共有價值的統一，而在這個統一中，他們的視
野彼此相交，它使「皮埃爾的意識」與「保羅的意識」
溝通。於是先驗自我「是意識，也就是說由於某物對於
我具有一意義，所以我既不在此，也不在彼，既不是皮

埃爾，也不是保羅，所以我絕沒有與一個『別的』意識
區別開來，因為我們全都是在世的直接在場……反思的
分析就像忽視世界問題一樣忽視他人問題，因為伴隨意
識的第一縷微光，它讓走向合法的普遍真理的能力出現
在我身上，因為他者自身也是沒有個體性、沒有處所、
沒有身體的，他者和自我在真實的世界中是同一個人，
屬於精神間的關係。」（參考書目1，p.VI）也就是說，
如果胡塞爾現象學停留在康德階段，普遍的、透明的意
識就必定否定他人的存在。

　　然而，胡塞爾後來卻提出了他人問題，並因此讓自
己的哲學陷入了困境：「對於胡塞爾來說，相反地，人
們知道存在著他人問題，而別的自我是一個悖論。」（參
考書目1，p.VI）胡塞爾沒有能夠給予他人問題一種很好
的解決，原因就在於他始終停留在認識論層面上，把他
人作為認識的客觀性的保證。梅洛龐蒂認為，只有回到
人的生存處境，這一悖論才會自然消除。也就是說必須
消除純粹意識之間關係的幻想，「我應該是我的外部，
他人的身體應該是他自己。唯有自我和別的自我被他們
的處境所界定，且沒有擺脫全部的連貫性，也就是說唯
有哲學並不隨著回歸自我而完成，唯有我透過反思不僅
發現我對我自己的在場，而且還有『陌生的觀眾』的可
能性，也就是說還有，唯有在我見證我的存在的時刻，

且正在反思的這一極點上，我仍然缺少使我走出時間的絕對厚度，我在我自身中發現一種內在的脆弱，它妨礙我成為絕對的個體，將我在他人的目光中暴露為眾人中的一個人，或者至少是眾意識中的一個意識——自我與別的自我的這一悖論與辯證法才是可能的。」（參考書目1，p.VII）

在胡塞爾那裡，自我意識與他人意識共同面對人與自然的關係，他人被設定為客觀性的見證者，而不具有生存在世的真實地位。但是，一旦在考慮人與自然的關係的同時，考慮到「歷史處境的可能性」，他人的地位就是不言而喻的事實：「我思應該在處境中發現我，只是由於這一唯一條件，先驗主體性才如同胡塞爾所說的能夠是一種主體間性。」（參考書目1，p.VII）這裡強調了他人與我一樣是某種原初的經驗，是與處境相關的存在，他人在意義中而不是自在中呈現，「現象學的世界並不是純粹存在，而是意義——這一意義隱約地顯露在我的各種經驗的交彙處，顯露在我的經驗與別人的經驗的交彙處（透過使這些經驗如同齒輪彼此疊合）。主體性與主體間性因此不可分割，它們透過在我的現在經驗中恢復過去經驗，在我的經驗中恢復他人的經驗而構成它們的統一。」（參考書目1，p.XV）

（三）語言問題

　　再一個重要方面是語言問題。

　　在《知覺現象學》中，梅洛龐蒂從本質還原這一角度來切入語言問題。在他看來，本質概念的引入並不會取消處境，或者說從此在到本質的過渡不是目的，而是手段，為的是就我們針對世界的知覺加以哲學審視，為的是把我們對世界的實際介入放到概念規定性中，以某種理想性的場景來認識和克服生存的狹隘性。在這個意義上，語言的地位突現出來，因為概念與語言聯繫在一起。從表面上看，語言導致生存與本質的分離，但在梅洛龐蒂看來，既然本質只是手段，它就無法脫離生存，也就沒有離開知覺經驗。維也納學派認為，「我們只能夠與各種涵義（signification）保持關係。」梅洛龐蒂認為這種觀點與胡塞爾相反，實際上應該是與他本人相反。我們知道，維也納學派的語言是理想的人工語言，排除了日常語言的經驗的、偶然的要素。胡塞爾的以拒絕心理主義著稱的《邏輯研究》等作品未嘗不是如此。梅洛龐蒂明顯對胡塞爾進行了創造性的或者有意的誤讀：「不管最終把我們託付給作為語言的獲得的意識這一語詞或概念的意義變動會是怎麼樣的，我們都有一種

直接通達它所指稱的東西的通道，我們都有關於我們自身、我們所是的這一意識的經驗，正是依據這一經驗，語言的所有涵義得以測度，而且正是它使得恰好是語言打算對我們說些什麼。語言從其本義中引入到純粹表達中的仍然是沈默的經驗。胡塞爾的本質必定伴隨這些本質把經驗的全部活的關係帶回來，就像漁網從大海深處帶回來各種鮮活的魚和藻類一樣。」（參考書目1，pp.IX-X）

　　在梅洛龐蒂那裡，本質與概念、與知識、與普遍可溝通聯繫在一起，它似乎是超知覺的，但它始終擺脫不了知覺基礎。因為它的目標是為了實現我的當前經驗與過去經驗、我的經驗與別人的經驗的統一。語言並沒有導致本質與存在的分離，而是始終維繫著生存這一基礎，「使本質在某種分離中存在是語言的功能，真正說來，分離只不過是表面現象，因為透過它，那些本質仍然取決於意識的前述謂生命。」（參考書目1，p.X）梅洛龐蒂繼續強調本質的知覺基礎，「探尋世界的本質不是探尋（每當我們將它還原為話語主題時）它在觀念中之所是，而是尋找在任何專題化之前它事實上於我們之所是。」與感覺主義回到經驗自我及先驗唯心主義回到先驗自我，因此以內在性來確定本質之所在不同，本質還原「要使世界呈現為在完全回到我們自己之前它之所

是，這是將反思與意識的未經反思的生命相等同的雄心。」（參考書目1，p.XII）所以，《知覺現象學》中儘管只是作爲身體經驗的角度談到言語，而不像後來的作品那樣談論語言一般，但已經奠定了其基礎。

（四）意向性問題

最爲核心的當然是意向性問題。

梅洛龐蒂肯定了胡塞爾的意向性學說的意義，但與此同時，對他關於純粹意識的思想提出了疑問。也就是說，關鍵在於一種身體意向性而不是純粹意識的意向性。如果說，胡塞爾把知覺看作是純粹心靈的作用，梅洛龐蒂則認爲，「知覺著的心靈是一個肉身化的心靈。」（參考書目12，p.3）梅洛龐蒂的哲學顯然進一步開展了胡塞爾的思想，美國學者朗熱（M. Langer）斷言：按照梅洛龐蒂的看法，「胡塞爾指出了通向描述地研究生活世界的道路，但卻未能懂得其意義。因此未能認識到意識的意向性首先而且主要地是一種身體意向性。……梅洛龐蒂論證說，知覺者不是一個純粹思考者而是一個身體—主體。」（參考書目13，pp.XIV-XV）意識應該具體化在身體中並且內在於世界中，它不再超然地旁觀，而是生存於世，「現象學喚醒我們知道具體化在身體中且內

在於世界中的意識。肉身化的主體性因此是梅洛龐蒂的
現象學的核心。」（參考書目13，pp.XV）

　　梅洛龐蒂認為，康德關於「內感必須依賴於外感的
思想」已經表達了「一切意識都是對某物的意識」的意
思。這樣的判斷實際上是非常重要的，我們通常可能會
把內感與心靈聯繫在一起，而把外感與身體聯繫在一
起，但現在的問題是，內感離不開外感，因此身體經驗
或者說身體知覺的地位就突出了。當然，在康德那裡，
嚴格來說只存在著進行判斷和採取志願立場的「行為意
向性」，而胡塞爾則還提出了一種「作用的意向性」。按
梅洛龐蒂的意思或者說他的發揮，後者更為重要，「這
一意向性構成了世界和我們的生活之間的自然而前述謂
的統一，它在我們的欲望、我們的評價、我們的景致中
比在客觀認識中更清楚明白地顯現出來，它提供了我們
的認識尋求作為其精確語言譯本的原文。」（參考書目
1，p.XIII）於是，意向性觀念得以擴大，這是一種生存
論意義上的「領會」（compréhension），而不是認識論意
義上的「理解」（intellection）。由於處境的限定，意向性
不再局限於人與自然的認識關係，而是擴展到人與某一
歷史事件、歷史文本的關係，擴展為我與他人的關係的
表達。於是，與認識論意義上的對於數學—物理法則的
靜態理解不同，「領會」要求重新把握「整體意向」，不

僅把握某個東西對於表象（representation）而言是什麼，
而且還有它的獨特的存在方式。我們於是進入到「各種
歷史向度」之中，歷史因此成爲意向性的一個更爲廣闊
的領域，「就這些歷史向度而言，任何話語和任何人類
姿態（不管是習慣性的還是漫不經心的）都不會不具有
涵義。」（參考書目1，p.XIV）

　　總的來說，梅洛龐蒂圍繞著上述主題展開自己的現
象學，人與世界的知覺關係（即知覺者與被知覺世界的
關係，前期似乎還是單向的，後期則以可逆性表達了兩
者間的雙向關係）是基礎，這裡的知覺是一種身體知
覺，是身心交融的知覺，知識和科學是一種擴展了的知
覺經驗，是一種昇華，但始終沒有擺脫知覺經驗，這種
關係進而擴展到人與歷史、人與他人的關係中，從而既
在自然世界的視域中又在文化世界的視域中理解人的處
境。儘管有必要進行適度的分開論述，但如上幾個主題
實際上是密不可分的。梅洛龐蒂本人就此表示：「因此
讓我們嘗試有意地將那些著名的現象學主題如同它們在
生活中自發地相關聯的那樣使之相關聯。」（參考書目
1，p.II）

二、知覺的首要性

對於梅洛龐蒂來說，現象學還原就是要回到知覺的首要性或原初性，而不是像胡塞爾那樣要求回到先驗主觀性。儘管如此，他的看法依然是對胡塞爾思想的推進，朗熱斷言：「梅洛龐蒂強調的是胡塞爾已經規定為生活世界的核心的東西，即知覺。」（參考書目13，p.XIV）在《知覺現象學》中，或者從他的整個思想傾向看，他始終把矛頭對準理性主義者笛卡兒，同時認為康德對於經驗論和理智論的調和是不成功的。或許人們會認為梅洛龐蒂的思想有回到近代經驗主義的危險，似乎要用經驗主義來對抗理性主義。實際情況並非如此，梅洛龐蒂的確力圖克服理性主義觀念論對於生活世界的漠然，但他並不主張回到經驗主義的狹隘天地中去。不僅如此，他的批判往往首先拿這種經驗主義的狹隘性開刀。在《知覺現象學》中，他非常明確地批判並且超越了兩者。用朗熱的話說，「我們應該想到貫穿於整個《知覺現象學》的批評都是針對經驗主義和理智主義的。」

（參考書目13，p.28）

　　梅洛龐蒂首先發現了經驗主義在知覺問題上的不足，那就是把知覺分析爲感覺的組合，不是把整體的知覺，而是把片面的感覺作爲不證自明的出發點。這就使知覺問題的研究走錯了路，「一開始研究知覺，我們就在語言中找到了感覺這一概念，它看起來是直接而明晰的：我感覺到紅、藍、熱、冷。然而我們會看到，感覺是最不明晰的，爲了承認感覺，古典的分析錯失了知覺現象。」（參考書目1，p.9）感覺有所謂的外感和內感之分，用梅洛龐蒂的話來說，就是「我可能首先會把感覺理解爲我受到影響的方式，和我對我自己的狀態的檢驗。」（參考書目1，p.9）如上乃是對於經驗主義的基本立場的一種概括，最爲重要的當然是外感。對於經驗主義來說，出發點是感覺，更嚴格地說是純粹印象，表明的是我們的機械身體對於外部刺激的點狀的被動接受。

　　這樣的感覺概念不能爲梅洛龐蒂所接受，一方面，在他看來，知覺往往針對的是關係，往往針對的是由背景和圖型構成的一個整體，要在知覺經驗中區分出各個孤立的印象是有困難的。這意味著回到所謂的現象場（le champ phénoménal, the phenomenal field）。也就是說，「知覺的『某物』始終在它物之中，它始終構成爲『場』的一部分。」（參考書目1，p.10）另一方面，這種純粹印

象的引入，否定了在知覺者和被知覺對象之間存在著交
互關係，「如果說人們引入了它，是因為人們沒有注意
到知覺經驗，為了被知覺對象而忽視了知覺經驗。」（參
考書目1，p.10）換句話說，在經驗主義那裡，我們所認
識到的自然乃是「刺激與性質的總和」，這是一種「內容
優先」的假定。因此，梅洛龐蒂並沒有回到經驗主義，
他「放棄用純粹印象定義知覺」（參考書目1，p.10）。

　　知覺問題當然不是經驗主義的專利，理智主義也沒
有放棄這一領域。儘管它們思考的角度和立場都是有別
的，但在梅洛龐蒂眼裡，「理智主義的反題與經驗主義
處在同樣的境地」，因為「它們兩者均把不管根據時間還
是根據意義都非第一的客觀世界當作分析的對象，均不
能夠表達出知覺意識構成其對象的特殊方式。兩者都與
知覺保持距離而不是依附於知覺。」（參考書目1，p.34）
理智主義否定經驗主義把知覺還原為外部事物對感官的
簡單刺激，進而把知覺往知性方向拉，知覺似乎成了一
種知性活動。理智主義通常在「注意」和「判斷」中來
探討知覺概念。感覺是片面的、偶然的，各種感覺之間
的關係也因此是外在的，但意識的注意可以賦予感覺以
某種內在聯繫，因為注意是「一種普遍的和無條件的能
力」，由於這種注意，「不管對象是性質的總和，還是關
係的系統，只要它存在，它對我的生活和我的認識的某

一時刻來說就應該是純粹的、透明的、非個人的而且並非不完善的真理，就像它在意識中出現那樣。」（參考書目1，p.36）原因在於注意使知覺擺脫了被動性，它主動參與對象的構成，並且反過來使對象處於被動地位，「對象在啟動注意的同時，每一時刻都因為其依存性而被重新把握和重新確定。」（參考書目1，p.39）

當然，更為重要的是反省能力，它把判斷作為感覺所缺少的使知覺得以可能的東西被引入，感覺不再被假定為意識的實在成分，知覺從其「理性意向」來理解。我們往往是判斷某個物體重於另一個物體，而不是感覺到這一點，所以不存在著真正的感覺，「我們感覺就如同在判斷。」（參考書目1，p.43）於是，「看」、「聽」、「感受」這樣一些詞就失去了其全部的感性意義，由於判斷無處不在，感覺消失了。梅洛龐蒂認為，否定單純的感覺當然是對的，但這樣一種把知覺知性化的傾向「沒有看到被知覺對象的實存和共在樣式，沒有看到穿透視覺場並秘密地把諸部分統一起來的生命。」（參考書目1，p.44）笛卡兒對感覺問題的解決「不是把實際狀況中的人的思想當作這種解決的保證，而是依賴於一種絕對自我擁有的思想。」（參考書目1，p.55）在康德那裡，也是同樣的情形：「知覺成為理智的一個變種，並且就其肯定地具有的一切而言，成為了一種判斷。」（參考書目

2，pp.216-217）康德最終透過一種理智主義的知覺理論
來解決形式與質料、所予者與所思者、心靈與身體之間
的關係問題。

　　梅洛龐蒂認為，經驗主義和理智主義的表面差異不
能否定它們之間的隱秘而深層的共同性。它們事實上都
把知覺者和知覺對象看作兩極，前者把對象看作是獨立
的實體，它自在地不依賴感覺者而存在，我們的感覺是
對它的被動接受，我們的身體是一部與之沒有關係的被
動的接受器；後者認為對象是一個理想的存在者，但它
不是自在的，而是源於我們的構造或者說源於絕對者的
構造。我們與對象的關係是一種不紮根其間的超然的關
係。在梅洛龐蒂看來，兩者都承認了「實在事物」和
「真理」，問題僅僅在於我們對於它們的認識之能力來自
何處。理智主義認為這出於先天，而經驗主義則把這種
能力歸結為出自自然。

　　按照朗熱的非常明確的表述就是：「經驗主義和理
智主義在它們的分析中預先假定一個現存的世界，因此
兩者都忘記了知覺主體。經驗主義者把知覺看作是發生
在世界中的事件中的一種，其場所是知覺者。在研究構
成其發生的感覺時，經驗主義採取一種非人格的態度，
據此完全忽略了這一事實：即使是在他對知覺本身的研
究中，他也經歷知覺，他就是知覺著的主體。這種把知

覺降格為客觀世界中的一個事實的地位的超然態度，沒
有能夠認識到知覺相反地是對於我們來說存在著任何事
實的條件……經驗主義者在分析知覺時忽視了他自己的
角色，而理智主義在依賴他的經驗的知覺的同時，賦予
它一種同樣難以理解的角色。經驗主義者沒有為意識留
下任何空間，而理智主義使一切東西都服從於一種普遍
的構成意識，第二種立場用自為存在取代自在存在而顛
倒了第一種。先驗自我本身沒有參與到知覺之中；在構
造世界時它遠離世界而不是處於其中，它在世界、身體
和經驗的自我之間建立起因果關聯。既然它們在思想者
面前展現，理智主義者不能夠說明它們對於我們來說實
際上是非常明晰的或完全的。就像經驗主義一樣，理智
主義遺漏了主體並且排除了我們實際地經驗著的知覺。」
（參考書目13，p.72）

　　非常明顯，不管是經驗主義把知覺等同於感覺的總
和，還是理智主義把知覺提升為知性，兩者都無法滿足
梅洛龐蒂的「我們實際經驗著的知覺」的界定。但是，
從另一方面看，梅洛龐蒂又恰恰從它們兩者那兒都借鑑
了某種東西。他的現象學還原就是要排除在理智主義那
裡的「意識過剩」和經驗主義那裡的「意識匱乏」，既不
單純強調心理，又非單純強調物理，而是把知覺看作是
一種心理—物理事件，確乎有走中間道路的意思。所以

朗熱這樣寫道：「梅洛龐蒂的現象學描述以一種黑格爾
式的方式展開：在他的探索的每一階段，他都傳喚傳統
的各種獨斷立場並證明它們是如何顛覆它們自己的。透
過持續並置和分解這些理論，梅洛龐蒂試圖確定：我們
的經驗既不是一種機械地被決定的過程，也不是一種純
粹偶然的構造，而且，我們與世界的各種明確的關係，
對應著的是某種甚至它自己都不能夠變得完全明確起來
的原始背景。如果我們試圖使我們的經驗與這一背景相
分離，以便擺脫其模糊的根基來研究它，或者換一個選
擇，如果我們力圖強制那一背景自己不再作為背景，以
便我們可以完全地圈定它，那麼，我們能夠成功地做到
的只是扭曲那一基本的前人格的生存運動──儘管受到理
智的歪曲，我們還是，我們的身體還是繼續體驗到它。」
（參考書目13，pp.XVI-XVII）

　　梅洛龐蒂所謂的前人格的生存運動，指的就是非反
思的、或者說反思背後的知覺活動，這是我們通達真理
的原始途徑。非常明顯的是，這種知覺既非單純的被動
性，也非完全的主動性，但其間兩者都被納入其中。而
這種所謂的知覺於是涉及的不是認識主體與認識客體的
關係，它在我們前面所說的「現象場」中展開。在《行
為的結構》中，他已經十餘次提到「現象場」這個概
念，明顯受到格式塔心理學有關「行為場」的概念的影

響。在格式塔心理學那裡，應該在「地理環境」和「行為環境」之間做出區分。不管是動物還是人類，其行為當然與一定的地理環境相關，但往往借助於行為環境之仲介，也可以說不存在著純粹的地理環境。格式塔進而還闡釋了心理場、行為場、生理場、物理物、環境場等概念。實際上，簡單點說，梅洛龐蒂強調的是人的行為環境，而不是單純的地理環境，行為環境不僅包含自然的東西，同時包含有意識方面，或者已經是知覺者和知覺對象的相互作用域。這顯然脫離了機械的刺激－反應模式和理想的建構－判斷模式的對立。

　　於是我們進入到一個新的向度，「它不是在脫離了肉體的心靈面前攤開的一個場景，而是那些帶有視點的、肉身化的主體處於其中的一個『含混的領域』。」（參考書目13，p.15）梅洛龐蒂就是要克服單純或者簡單，否定分析而強調綜合甚至是調和，不管是對象還是主體都處於關係中，或者說對象有其出現的背景，而主體有其所處的情景。梅洛龐蒂批評「通向現象學的笛卡兒道路」並非真正根本，原因就在於笛卡兒哲學透過掩飾反思的起源而陷入了獨斷主義。在批評的基礎上，他要求一種承認反思自身從中產生的前反思領域的真正徹底的反思。這並不是為了不經反思的經驗而摧毀反思，而是不局限於反思，要考慮整個處境，要考慮人與世界

之間的更為原始的紐帶（參考書目13，p.XV）。把客觀世界還原為「現象場」，使得我們可以重新發現「至少應該暫時地相對於科學知識、心理學反思和哲學反思來確定的直接經驗」（參考書目1，p.66）。這是一種與科學的超然態度相對立的傾向，因為在科學的知覺觀中，「對象脫離於與任何特殊知覺者的關係，從而被剝奪了全部的透視性、含混性和不確定性」（參考書目13，p.16）。

儘管我們無法把現象場分離成一些獨立的要素，但其間明顯強調了身體的關鍵作用，正是身體體現了知覺的含混性、透視性，同時也確定了時空定位，身體時間性、身體空間性取代了客觀的時間性、客觀的空間性，或者說絕對時空失去了地位。但這並不因此就說我們應該回到主觀世界、內在世界。因為現象並不是心理事實，不是意識狀態。按照梅洛龐蒂的意思，心理學為我們提供了有用的幫助，但我們並不停留在心理學層面。這就是從格式塔心理學中引出哲學意義的要求，「沒有心理學，我們無法開始，僅有心理學，我們也無法開始。」（參考書目1，p.77）現象場實際上是我們的周圍世界、我們的生活世界，我們的行為場，是被知覺的世界，是實際經驗到的世界（monde vécu），「我們不再說知覺是一種初始的科學，相反我們說經典科學是一種忘記了其起源並且自以為完成了的知覺。哲學的首要活動

因此應該重返客觀世界之內的實際經驗世界，因為只是
在實際經驗世界中，我們才能夠理解客觀世界的許可權
及其界線；應該為事物提供其具體形相，為機體提供它
們對待世界的特有方式，為主體性提供其歷史的一致
性；應該重新發現現象、重新發現他人和事物得以透過
它而被提供的活的經驗層次，發現處於誕生狀態的『自
我—世界—他人』系統；應該喚醒知覺，應該挫敗那種
狡計——由於這種狡計，為了知覺向我們提供的對象、
為了它所奠基的理性傳統，知覺讓自己忘記了自己是事
實和知覺。」（參考書目1，p.69）

　　我們當然應該考慮到梅洛龐蒂後期對於本體論的關
注，那就是他的未能完成的《可見的與不可見的》所要
表達的東西。在他為寫作該書而做的準備性工作中，他
表明了這種本體論主要探討所謂的「野性的存在」，這是
一種真正擺脫了客觀思維方式的探討，他在筆記中寫
道：「透過延伸我關於胡塞爾的文章（即〈哲學家及其
陰影〉）來描述野性的存在，但是，只要我們不根除『客
觀哲學』（胡塞爾），對於這個世界和這一存在的揭示就
停留為一紙空文。」（參考書目6，p.219）這一原始的存
在也可以說是「蠻荒的存在」，隸屬於「沈默的世界」。
這是一種更為徹底地否定客觀思維的要求。在這一沈默
的世界中，作為基質的東西是「世界的肉」。按照他的界

定，「肉不是物質，不是精神，不是實體」，可以用「元
素」這一舊有的用詞來界定它，就像用它來界定水、
氣、土、火一樣，它「處在時空個體和觀念的中途」。
（參考書目6，p.184）顯然，這是一種把身心融合上升為
世界本體的努力。

　　從梅洛龐蒂對於「世界的肉」的界定可以看出，這
種本體論並不關注所謂的「自在存在」，沈默的世界實為
被知覺世界。也就是說，這種本體論努力並沒有與早期
形成完全的斷裂，相反，這是對早期工作的延伸和補
充，或者說更為徹底的努力。事實上，在工作筆記中，
他還在蠻荒的或原始的存在與被知覺世界之間畫等號
（參考書目6，p.223）。按照他本人的說法，「《知覺現象
學》中提出的那些難題是難以解決的，因為我在那裡是
從意識—客體的區分出發的。」（參考書目6，p.253）在
我們看來，知覺問題的關注已經是超越意識—客體二分
的努力，梅洛龐蒂這樣的姿態表明，被知覺世界還需要
獲得更為豐富的界定。

　　現象學還原就是回到現象場，梅洛龐蒂於是認定
「被知覺世界始終是一切理性、一切價值、一切生存的前
定基礎」（參考書目12，p.13）。但被知覺世界既然與知覺
相關，是知覺造成的，而非自在的、客觀的，因此更為
優先的當然是知覺，所以回到現象場和被知覺世界，我

們就可以確定知覺的首要性。這並不是要否定非知覺的
東西，對於所謂的知覺的首要性，梅洛龐蒂解釋說：
「說知覺的首要性，我當然不是要說（這會回到經驗主義
論題）科學、思考和哲學只是被改造過的感覺，或者價
值是推遲的、算計過的愉快。我們用『知覺的首要性』
這些詞意指：知覺經驗是我們親臨事物、真理、價值為
我們而構成的那一時刻；知覺是一種初始的邏各斯；它
超出一切獨斷，把客觀性本身的真實條件告訴我們；它
向我們喚起認知和行動的任務。問題不在於把知識還原
為感覺，而在於參與這一知識的誕生，使知識如同可感
物一樣是可感的，使理性意識得以恢復。當我們把這種
理性經驗理所當然地看作是自明的時，它就失落了，而
當我們使它在一種非人的自然背景上出現時，它相反地
又重新被發現了。」（參考書目12，p.25）

　　看起來，我們只是需要找到一個出發點，然後一切
又重新浮現在我們面前。但問題並不如此簡單。我們對
於世界究竟應該採取何種姿態，是科學的還是藝術的姿
態，或者說哲學與何者結盟？我們回到被知覺世界，這
是一個主客、物我相融的世界。物期待著我們的介入，
我們因物而不再無根地漂浮。我們對於這樣的世界首先
啟動的是我們的感官，但我們的五官並不一個一個地單
獨行使其機能，我們的真正基礎是知覺，是某種最初的

完整的統一，是某種聯覺。科學似乎是對世界的某種超
然而客觀的審視，但它實際上始終無法擺脫其根基。在
一個操作主義、製作優先的時代裡，藝術或許是我們與
世界維持原始關係的真正領域。這使我們想到了盧梭的
浪漫主義、尼采的悲劇情愫、海德格的詩意之思和傅柯
的審美生存。

三、科學源於知覺

　　在前面的評介中，我們力圖表明，梅洛龐蒂要求的
實際上是一種走在途中的還原，讓我們從純粹觀念世界
或者純粹自在世界回到生活世界，從而避免了唯心論和
實在論的兩極對立。還原所回到的是一種含混的領域，
我們既不是強調直接印象，也不是強調先驗主觀性。傳
統上，科學是一個與純粹觀念世界和純粹自在世界兩個
概念都有關係的領域。我們的目標似乎是要認識客觀
的、在主體之外的對象——那個實際上不可知的康德意義
上的自在之物；與此同時，這種認識是由一個超然、客
觀、普遍、公正的純粹意識來執行的，於是要求我們把

我們的純粹知性範疇或者說認識框架、普遍觀念強加給
自然。一個類似於上帝的超然的認知主體賦予給自然以
法則。這是一種典型的建構主義理想，世界因此而有了
秩序。顯然，其間缺少了作爲仲介或紐帶的「處境中的
人」，認識者是知識的工具，而不是一個生活中的人。科
學於是陷入了危機，這乃是哲學需要正視的問題，康德
哲學源於爲科學作辯護，胡塞爾在晚期也不得不拋棄先
驗理想，來探討科學危機和其他方面的危機與生活世界
的關係。

　　胡塞爾後期思想的確來源於對各種各樣的危機的思
考。眞正說來，這些危機都是「觀念」方面的，儘管它
們往往會產生更爲廣泛的社會回響。依照梅洛龐蒂的看
法，胡塞爾主要面對著「科學一般的危機，人學的危機
和哲學的危機」，「從他的職業生涯之始，胡塞爾就認識
到問題在於對於這全部三者（哲學、科學、人學）如何
可能給出一個新的說明。有必要再度考慮它們直至其基
礎。他看到這些不同的學科已經進入到了一種永恆危機
狀態，除非我們透過對它們的相互關係、它們的認知方
法進行的一種新說明，能夠表明不僅它們的每一個單獨
是可能的，而且它們可以一起存在，否則這些危機就永
遠不能夠被克服。必須證明：科學是可能的，人學是可
能的，哲學是可能的。系統哲學與科學的不斷進展的知

識之間的衝突必須停息。」（參考書目12，p.44）

　　作為一位維護理性至尊地位的哲學家，胡塞爾可以批判地借鑑的東西無疑一是來自近代哲學，一是來自希臘羅馬。在其前期思想中，他更多地從近代大哲康德和笛卡兒那裡找尋現象學還原之途徑。然而，要克服現代性危機，為了探尋生活世界之真諦，似乎應該發掘更為原初的資源，所以胡塞爾晚期對古代生活產生了某種強烈的懷舊意識。這當然也是現當代哲學中近乎普遍的思鄉情結的表現之一（比如尼采、海德格、高達瑪、傅柯都是這樣）。在談到古希臘羅馬人的生活世界之實質或基礎時，胡塞爾說道：「透過比較分析可以肯定，它無非是『哲學的人生』的存在形式。根據純粹理性，根據哲學，自由地塑造他們自己，塑造他們的整個生活，塑造他們的法律。」（參考書目38，p.8）非常明顯，古代的生活與古代的哲學、科學是非常融洽一致的。

　　如果借用尼采的話來說，就是希臘人關注生活世界，但他們既不是「冷靜世故的技匠和樂天善感的人」，也不是「沈溺於自我的迷霧中」的人，他們既不順從於「不受約束的求知欲」，也沒有對知識懷著仇恨，他們不是單純地求知，而是對所知的東西力求有「經歷」，「對生命中所有價值抱有一種理想上的需要和關切」（參考書目37，p.8）。這種理想與現實、生活與觀念協調相處的時

代已經成為遙遠的過去，近代哲學和科學以其客觀主義遠離了生活世界。所以胡塞爾要對近代自然科學和哲學的客觀主義進行一種先驗還原的解釋。這當然不是簡單地回到生活世界，而是把生活世界當作途徑。也就是說，近代哲學和科學是生活世界的一種觀念化形態，而生活世界源於先驗主觀性，最終還是要回到先驗主觀性。

受胡塞爾關於生活世界的思想之影響，梅洛龐蒂對科學的客觀主義保持警惕，但他的作品並非完全排斥科學，在他的思想中，科學也是人類的經驗形態之一，「我們所能利用的任何術語都有賴於或素樸或科學的人類經驗現象。」（參考書目2，p.112）。哲學畢竟是一門強調理論思維的學科，而不是儲存偶發靈感的詩篇，或者記載日常瑣事的散文，梅洛龐蒂不可能完全從直接經驗中抽取哲學結論，既有的哲學、科學、人文成果往往是當前哲學的重要生產資料或者添加劑。單就對科學的關注而言，梅洛龐蒂在生理學、心理學和精神病理學中獲得了大量有用的東西。無論是在《行為的結構》還是在《知覺現象學》中，這種情形都非常明顯。我們已經提到，他尤其關心的是從格式塔心理學的科學研究中得出哲學結論。當然，正像我們前面已經提到的，這兩本書之間已經出現了一些斷裂，後者越來越偏離最初的以科

學來反思科學的取向。

　　關於這兩本書對待科學的立場，瓦埃朗在〈含混哲學〉中寫道：「《知覺現象學》始終一貫地建立在晚年胡塞爾已經描述過的自然而質樸的經驗平面之上。如果說該書過於頻繁地、經常過於天眞地求助於實驗心理學和精神病理學（psychopathologie）提供的材料，這是爲了澄清或準備說明唯一被牽扯到的自然經驗。相反地，《行爲的結構》接受的是另一場論爭。它占有了實驗心理學的主要學派——尤其是格式塔心理學和行爲主義——勾勒的關於我們自身的形象（它們在特色方面並非總是相一致），並且致力於證明：由這一學科所蒐集起來的事實和材料足以駁斥行爲主義和格式塔理論暗中或明顯地借助過的每一種解釋性的學說。《行爲的結構》因此把自身置於不是自然的而是科學的經驗層次，並力求證明這一經驗本身（也就是說透過科學考察而獲得闡明的、構成了行爲的那些事實之整體）是無法從科學自發地採納的各種本體論角度獲得理解的。」（參考書目2，p.XIII）無論如何，《知覺現象學》開始淡化《行爲的結構》中的科學色彩。

　　儘管如此，瓦埃朗最後還是認爲，兩本書都強調知覺經驗，都以知覺經驗的首要性爲特徵，「實際上，《行爲的結構》的主題始終從屬於《知覺現象學》的主

題，就像科學家的經驗在其起源上總是服從於它有責任說明的日常經驗一樣，沒有日常經驗，它也就不存在。」（參考書目2，p.XIII）根據他的分析，梅洛龐蒂哲學受制於生物學、生理學、心理學之類實驗科學的情形並沒有合理地表現出來，也就是說他並沒有正面地維護這些學科，而是把目標定在發現它們的更原始的基礎：「如果說梅洛龐蒂不懈地核實和討論科學實驗或者精神病學（psychiatrie）提供給我們的事實，這僅僅是為了證明：這些事實完全打碎了它們被呈現於其中的那些通常暗含著的本體論框架。這並不是說作者希望科學家承擔起形而上學家的任務或責任。這僅僅表示，對於這位哲學家來說，科學家（就像所有的人一樣）自發地按照某種本體論進行思維；既然如此，某種長期習慣使其不言而喻的這一本體論，在我們不帶偏見地深入理解它時，完全對立於自然而質樸的經驗（全部的科學經驗都紮根於其間）似乎加於我們的那些觀點。」（參考書目2，p.XV）

　　上面反覆提到的科學家自發地遵循的所謂的本體論，實際上就是科學家們的客觀主義情結。科學家也好，尋常百姓也好，他們自然而然把科學看作是超然客觀的、毫無疑問的，從來沒有對科學及其代表的世界觀提出疑問。但梅洛龐蒂則認為，科學並非純粹，比如，在物理學及其他自然科學中，「相同的原因產生相同的

結果」這樣的科學表述實際上「是含糊不清的」（參考書目2，p.26）。這雖然基於一種客觀看待世界的理想，但終究沒有達到完全的純粹和明晰，原因在於，它是在沒有考慮被知覺世界的各個要素的情況下得出的可疑結論。從總體上看，在《行為的結構》中，梅洛龐蒂力圖表明，科學在知覺中有其基礎，而知覺在科學中獲得了條理化，或者說知覺是最初的意識形式，而科學代表著意識的高級形態：「如果人們事實上能夠在知覺中證明一種初始的科學，證明一種只有透過科學的協調才能夠完成的對經驗的最初條理化，那麼所謂的感性意識就不再會產生任何問題，因為知覺經驗的『原初』特徵不過是剝奪和否定而非別的什麼：『直接經驗的世界包含的不是多於而是少於透過科學所獲得的，因為這是一個表面的、殘缺的世界，就像斯賓諾莎所說的，這是無前提的結論的世界。』」（參考書目2，p.219）科學給予直接經驗某些關聯要素，簡單地說，就是給予直接經驗一些先驗範疇，以理性和類的名義來保證其客觀性和普遍性。「科學使現象世界服從於那些只能從科學世界獲得理解的範疇。」（參考書目1，p.18）科學因此「多於」直接經驗，而所謂的還原，就是減少這些普遍的東西，剝離它們，從而顯現科學的原始基礎。

　　還原只是一種姿態，它無法實際地擺脫科學與知覺

有別這樣的事實。儘管如此，它毫無疑問地告訴我們，
在所謂的科學中，更爲根本的是什麼：如果離開了它，
科學或許就毫無意義。於是，我們應該一步步地追尋科
學遠離知覺經驗的進程，並最終揭示科學無法與知覺決
裂的事實。比如說，「對距離或大小的知覺不能夠混同
於科學籍以確定距離和大小的那些數量估算。全部科學
都被置於一個『完全』而實在的世界中，卻沒有意識
到，就這一世界而言，知覺經驗是其構成要素。我們因
此面對著一個實際經驗的知覺場，它先於數字、尺度、
空間、因果性……知覺問題就在於研究科學逐步闡明了
其規定性的主體間世界是如何透過這一知覺場而被把握
的。」（參考書目2，p.236）在《知覺現象學》中，梅洛
龐蒂更爲明確地表示：「科學的種種視野——據此我是
世界的某一環節——總是天眞而不誠實的，因爲它們雖
然沒有提出，但暗示了另一種視野，即意識的視野，按
照這一視野，世界首先圍繞著我而被安置，並開始爲了
我而存在。回到事物本身，就是要回到認識總是要談到
的且先於認識的世界。相對這一世界而言，科學的全部
規定都是抽象的，符號性的和依屬性的，如同地理學相
對風景一樣——我們在風景中最先領會到的是一片森
林、一片牧場或一條河流。」（參考書目1，p.III）

　　《行爲的結構》和《知覺現象學》大體上探討的是

一般科學經驗與素樸經驗之間的關係，在《世界的散文》中，梅洛龐蒂進而分析了高度形式化的科學經驗與知覺經驗的關係。這主要在語言學的背景中以演算法爲例來展開：「人們總是重複地說科學是一種精心構成的語言。這也就是說語言是科學的開始，而演算法（algorithme）是語言的成熟形式。」（參考書目7，p.9）按照前面的說法，人們通常把語言看作是生存與本質分離的手段，而科學語言尤其是演算法就更遠離生存了。但在梅洛龐蒂看來，「科學不是致力於另一個世界而是這個世界，它最終說出的是我們體驗到的同樣的事物。它結合它界定的純粹觀念來構造這些事物，就像伽利略（Galilée）從絕對自由落體的理想情形出發構造某一物體在傾斜面上的移動一樣。但是，觀念最後總是服從於澄清事實之不透明性這一條件，而語言理論應該開闢一條通達說話者之經驗的道路。」（參考書目7，p.23）不管是從事自然科學還是語言科學研究，我們最終要回到我們的生活世界，回到說話者或者研究者的實際經驗。

　　科學是我們與過去或者說與他人產生聯繫的一種便捷方式，也就是說我們無法完全靠記憶維持我們的過去，我們無法把直接經驗傳達到所有其他的人，因此必須借助於抽象的方式來維持各種各樣的聯繫。如果套用經驗批判主義者馬赫（Mach）的思路來說，這符合「思

維經濟原則」。但在梅洛龐蒂看來，「儘管沈澱在各門科學中的本性在於把一系列的運算結合在某個單一呈現的明證中（這些運算不再需要被說明就在我們身上起作用），被如此界定的結構只有維持與我們的經驗的某種關係，只有當我們從它出發重新開始構造我們的經驗（即使借助更短的路徑），才會具有其完整的意義，才會適應於知識的新進步。」（參考書目7，pp.151-152）當然，科學既有其當下的處境意識，又有累積性、普遍性或者說歷史意識，「有價值的科學不僅僅由其目前構成，而且也由其歷史構成。」（參考書目7，p.152）

　　由於科學是我們與他人交流大量的、具有公共意義的資訊的一種便捷方式，許多人於是就只看到它所具有的「脫離處境」的性質，「演算法與精確科學談論事物，它們在其理想的對話者那裡預設的不過是對各種定義的認識，它們並不尋求誘導對話者，並從他那裡期待任何共謀關係。原則上，它們彷彿用手牽引著把他從已知的東西引向了他應該學習的東西，不會因為言語的驅使而放棄內在明證。」（參考書目7，p.182）科學力圖用沒有任何歧義的純粹符號來表達客觀的知識，力圖擺脫偶然性，也就否定了認識者的知覺經驗的直接意義。但是，梅洛龐蒂卻要我們從科學中發現偶然的、活的因素，「從過去的知識到新涵義存在著一種祈求，而從新

涵義到過去的知識則存在著回應和承諾。在單一的運動中將一本書得以構成的語詞的系列重新連結起來的，乃是一種甚至難以覺察到的對於使用規則的偏離，是某些古怪現象的經常出現。進入一個房間，我們可能會發現某種東西被改變了，卻不能夠說出什麼來。」（參考書目7，p.183）真正的認識並不體現在科學的公式中，而表現在類似於海德格所說的先行領會中。在對門的專題性認識之前，我們已經因為與閘的日常碰面有了切身的認識。

科學企圖用一些陳述和直陳式來進行表達，以避免感情色彩和消除非理性。但是，在梅洛龐蒂看來，這種純客觀表達的理想有三個方面的問題：「這就掩飾了說話者之間的活生生的關係。」「這就忘記了我們心照不宣地、沒有明確表示地、未專題化地塞入科學陳述中的一切——它們有助於確定意義，並且公正地為明天的科學提供考察的領域。」「這就忘記了全部的文學表達。」（參考書目7，pp.200-201）這明顯是對實證主義的人工語言理想的否定。科學哲學中後來發生的所謂的修辭學轉向，或許與梅洛龐蒂的想法有些不謀而合。科學無法擺脫情景，尤其是認識者的處境意識，「語言引導我們通向一種不再局限於我們自身的思想，一種具有推定的普遍性的思想，儘管這種普遍性不是一種對每個心靈來說

都相同的純粹概念的普遍性。不如說，這是一個情景中
的思想對其他同樣處於情景中的思想所發出的召喚，而
每一思想都以它自己的對策來回應這種召喚。我相信，
對演算法領域的檢視也將表明，在那兒有著在語言的不
精確形式中起作用的那種同樣奇怪的功能。尤其是涉及
到精確科學征服一個新領域的問題時，最形式化的思想
也總要指涉到某種在性質上獲得了界定的心理情景中
去。」（參考書目12，p.8）

　　按照梅洛龐蒂的看法，科學並沒有棄知覺於不顧，
至少，「科學哲學的成果承認了知覺的首要性。」（參考
書目12，p.19）於是，問題不在於擺脫科學，而在於「力
圖表明知覺和理智之間的有機關聯」（參考書目12，
p.20）。事實上，梅洛龐蒂依然借助科學的心理學告訴我
們：「心理學家們對知覺的無偏見的研究最終揭示，被
知覺世界不是客體（在各門科學使用該詞的意義上）的
總和，我們與世界的關係不是一個思維者與思維對象的
關係，最後，被幾個意識所知覺的被知覺的東西的統
一，不能比之於幾個思考者所理解的定理的統一，被知
覺的實存更不能比之於理想的實存。」（參考書目12，
p.12）而且，梅洛龐蒂也不是泛泛地否定客觀性，而是
把它放在知覺經驗的基礎之上，「像我們前面描述的那
樣回到被知覺世界，並且把我們關於實在的觀念建立在

現象基礎之上，我們絕沒有在任何方式上，像柏格森被指責的那樣爲了內在生活而犧牲客觀性。正像格式塔心理學已經表明的，只要客觀性不混同於可以量度的，結構、格式塔、意義在可以客觀地觀察到的行爲中就不會比在關於我們自己的經驗中缺少可見性。」（參考書目12，p.24）

什麼都沒有減少，只是進行了重估或者重組，然而，其意義明顯有了不同。或許我們可以用梅洛龐蒂對提問者的如下回答來總結其關於科學的立場：「我從來沒有聲稱過知覺（比如對顏色和形式的看）就其給予了我們進入到客體的最直接的屬性中的通道而言，擁有對於眞理的壟斷權。我想要說的是我們在知覺中發現了在任何其他層次都會重新發現的一種進入對象的方式，在談到對他人的知覺時，我堅持知覺一詞包括了事物本身給予的全部經驗。因此，我並不貶損更複雜的知識形式中的任何東西，我只是表明它們訴諸於這一作爲基礎經驗（它們必須使之更確定和明確）的根本經驗。正像你所說，拋棄科學從來沒有進入我的心中。相反問題在於理解科學的範圍和意義。」（參考書目12，p.34）

四、哲學嚮往藝術

梅洛龐蒂在《行爲的結構》和《知覺現象學》中涉及到的科學主要是科學的心理學，以及關係密切的生理學、精神病理學，他力圖從科學的心理學中獲得哲學結論，「作爲科學的心理學不必擔心向被知覺世界回歸，也不必擔心從這一回歸中引出結論的哲學。這種態度非但不會危害心理學，相反會闡明它的發現的哲學意義。因爲並不存在兩種眞理，一個是歸納心理的，一是直覺哲學的……並不存在兩種知識，而是對於同一知識的不同程度的闡明。心理學和哲學從同樣的現象獲得養料，只是在哲學層次上問題變得更爲形式化而已。」（參考書目12，p.24）然而，如果單純在形式化上區別兩者，我們就很難把梅洛龐蒂哲學與傳統哲學區別開來。事實上，我們必須考慮到與前述兩本書同時展開的一些工作，或許只有在這種背景中才會發現其哲學所意味著的新走向。現象學要「測度我們的經驗與科學的距離」（參考書目12，p.29），而尺子就是作爲視域的藝術之維。於是我

們把我們的視線拉回到《世界的散文》、〈塞尚的疑惑〉、〈間接語言與沈默的聲音〉和《眼與心》等作品中，我們可以從中發現其哲學思想的潛在的藝術嚮往。

　　無論按照胡塞爾還是尼采的意思，在希臘人的生活世界中，自我的生存與知識、科學、觀念的追求並沒有分離開來，這表明的是一種健康狀態而非危機、病態。但最終來說，尼采回到的是藝術的希臘、悲劇藝術的希臘，而胡塞爾回到的是柏拉圖的觀念世界的希臘。如果說胡塞爾告誡我們觀念世界不能太遠離生活世界，而尼采則告訴我們存在的只有生活世界。前柏拉圖時代的希臘人當然有「理想」，但他們並不生活在客觀的觀念世界中。正是由於柏拉圖和他的老師蘇格拉底，西方哲學才陷入了永恆的危機之中，因為人們被要求生活在半空中，生活在客觀的觀念王國中。尼采要求人們回到地球上，紮根於堅實的大地。胡塞爾為後來的哲學家提供了視域，這就是生活、科學與哲學三者之間的關係，更嚴格地說，是以何種方式把三者結合在一起。胡塞爾批判科學的客觀主義傾向，但依然以「嚴格的科學理想」來拷問生活和哲學。其他哲學家大抵上走向了一條或批判或限制科學的浪漫之旅，藝術成為把生活、科學及哲學關聯起來的途徑。這實際上把尼采式的浪漫詩意引入了現象學中。

　　當然，我們把尼采貿然引出或許有些問題，他似乎
並沒有真正成爲梅洛龐蒂認真考慮過的一位思想家，我
們在《行爲的結構》、《知覺現象學》、《眼與心》、《世
界的散文》、《哲學贊詞》、《意義與無意義》中幾乎都
只能找到一處提及尼采的地方，告訴我們的無非是尼采
否定基督教、批評生命的頹廢和對待傳統的關係之類，
藝術思想沒有成爲其專題。儘管如此，我們必須考慮到
現代哲學的藝術性指向，最初是透過尼采最爲完整、全
面地展示出來的，而尼采對法國哲學的影響也是眾所周
知的。二十世紀哲學，主要是人文哲學，大體上向我們
展示的是一種反科學或者說非科學的浪漫藝術之旅。柏
格森、海德格、沙特、高達瑪、傅柯、德希達無不如
此。哲學拋棄了觀念王國，哲學詩意地寓居於大地而不
是強制性地拷問自然，以歷史解釋取代了科學說明。哲
學與藝術、文學之間的關係成爲重要話題，或者它們之
間的界線被取消了。這種藝術化傾向表明哲學已經拋棄
傳統上「求」科學之「眞」的努力，更多地是要「去」
知識之「蔽」，「現」生命之「眞」。正像在所有的問題
上都以含混著稱一樣，梅洛龐蒂在科學與藝術的關係問
題上也沒有走向極端。但是，我們仍然可以看出他的出
發點是藝術而非科學。

　　在一種藝術性的指向中，梅洛龐蒂對古典科學尚抱

有好感，認爲「它保留著對世界的不透明的情感」。但現代科學的操作主義傾向把思考等同於「去嘗試、去操作、去改造」，於是「世界成爲我們的各種操作的對象X」，是成功的「理智模式」的運用場所：「當一種模式在一個序列的難題中獲得了成功以後，科學就將它到處試用。」梅洛龐蒂以爲，「這是把科學家的認知情景提升成了絕對，就好像曾經是或者現在是的一切永遠都只是爲了進入到實驗室之中」，這實際上意味著「一種絕對的人工主義」（參考書目5，pp.10-12）。也就是說，我們拷問自然，強制性地讓它作出回答，但答案卻是我們預先給予的。自然喪失了它固有的神秘，原因在於，一切都出於理智的建構。我們並沒有從自然中獲得任何東西，一切東西都變成了透明的對象，結果是用觀念中的秩序代替事物的秩序。

　　塞尙（Cézanne）是梅洛龐蒂最爲關注的一位畫家，他不僅寫有長文〈塞尙的疑惑〉，而且在《眼與心》、〈間接語言與沈默的聲音〉等作品中多次以他爲例。評論家更多地關注塞尙的性格而不是他的繪畫的意義，好友左拉「把塞尙的生活看作是一種病態的表現」，其作品也因此是這種病態的再現。他天生「猶豫」、「多疑」、「懦弱」、「羞怯」、「敏感」、「易怒」、「消沈」、「焦慮」、「不善交流」、「避世」，雖然在藝術之都巴黎住過

一些時間，但只是在家鄉才找到了「最適合於其天才的
自然」。針對他的繪畫的特點，人們說，「他對自然、對
顏色的極端注意，他的繪畫的非人性的特點（他說畫家
應該像畫一個物體那樣畫一張臉），他對可見世界的崇
敬，不過是對人的世界的一種逃避，是他的人性的異
化。」（參考書目3，p.15）於是，對於他的作品就不會有
積極的評價，會認為「他的繪畫是一種頹廢的現象，像
尼采說的那樣，是貧瘠生命的現象，或者說它對於完善
的人沒有任何教益。」（參考書目3，p.15）

　　按照梅洛龐蒂的理解，繪畫的確已經成為塞尚的全
部世界，已經成為他的生存方式。但是，畫家並不是對
生活的如實寫照：「畫家在生活之中或是強者或是弱
者，但在他對世界的反覆思考中，他是無可爭議的主
人，他借助於他的雙眼和雙手的技巧而不是別的技巧努
力地觀察、努力地繪畫，他頑強地從歷史的榮辱所呼喚
著的這個世界中，抽取既不會為人類的憤怒也不會為其
希望增加任何東西、而且沒有人會為之竊竊私語的一些
圖畫。」（參考書目5，p.15）他確實在孤獨地工作著，沒
有學生的相隨，沒有家人的欣賞，也沒有評論家的鼓
勵，而且表達了「生活令人畏懼」這樣的看法。但是，
梅洛龐蒂認為，我們不能簡單地根據他的生活來確定其
作品的意義。當然，這不是說單純透過藝術史（他接受

的傳統和影響）就可以認識這種意義。所以，針對塞尚
「使繪畫被吞沒在無知當中，使自己的精神吞沒在蒙昧當
中」這樣的評價，梅洛龐蒂指出，塞尚實際上「總是竭
力逃避別人向他提出的那些完全既定的選擇：感官還是
理智，觀察的畫家還是思考的畫家，自然而成還是精心
構思，原始藝術還是傳統。」（參考書目3，p.18）塞尚要
求把自然與藝術統一起來，甚至要求把感性與理智統一
起來。不過，由於他不善交際，缺乏說服人們的能力，
他於是就少說多作，埋頭畫畫。由此也就在理論和實踐
之間出現了某種斷裂。

　　按梅洛龐蒂的分析，真正說來，塞尚「沒有在感官
和理智之間，而是在被知覺事物的自發秩序與觀念和科
學的人為秩序之間設置鴻溝。我們感知事物，我們理解
它們，我們寓居其中，我們正是在『自然』的地基上建
構了各種科學。塞尚刻意畫出的是這一原初世界，這就
是為什麼他的畫提供了原初自然的印象，而同樣的風景
照片卻使人想到人們的工作、他們的舒適、他們的逼近
的在場的原因。」（參考書目3，p.18）評論家會認為塞尚
總是太關注自然，以至於脫離了人際交流，他似乎不接
受任何來自傳統、來自科學的東西。但梅洛龐蒂的看法
是，「他的繪畫既不否定科學，也不否定傳統。」（參考
書目3，p.22）塞尚從來沒有打算「像一個粗人那樣作

畫」，他只是「把理智、觀念、科學、透視、傳統重新置
於與它們注定要去理解的自然世界的聯繫之中，並且使
『來自於自然』的那些科學直接面對自然。」（參考書目
3，p.19）　這實際上強調的是科學與知覺、文化與自然、
傳統與獨創的統一，讓一切都回到自己的根基。

　　塞尚的繪畫告訴我們的是知覺的統一性，進而還有
世界的統一性，而各種感覺的區分是在後來由科學告訴
我們的，「在原初知覺中，觸覺和視覺的區分是未知
的，正是關於人體的科學後來教會我們區別我們的感
官。實際經驗到的事物不是從感官材料出發被找到或者
構造出來的，而是作爲這些材料得以輻射出來的中心一
下子就被提供出來的。我們看見了物體深度、滑膩、柔
軟、堅硬──塞尚甚至說，它們的味道。如果說畫家要
表達世界，顏色的布局應該表達這一不可分割的整體，
要不然，他的繪畫就只是對物體的一種暗示，而不能在
決定性的統一中、在在場中、在無法超越的豐富性中
（這乃是我們對於實在的界定）給出它們。這就是爲什麼
畫出的每一筆都必須滿足無限的條件的原因，這就是爲
什麼塞尚有時在畫一筆之前要思考一個小時的原因，正
像貝爾納所說，這一筆應該包含空氣、光線、物體、
景、特色、構畫和風格。對於存在著的東西的表達是一
種無限的任務。」（參考書目3，pp.20-21）　顯然，正是排

除了完全超然的觀察者，畫家才與自然真正交融，才能夠畫出自然的整體。知覺意味著統一性，塞尚甚至能夠畫出味道來，表達的就是這個意思。

　　但這並不是說塞尚完全排斥理智，這種全面的把握，單單依靠「非思」是不夠的。當他像畫一個物體那樣畫一張面孔時，他並沒有剝奪其「思想」，而是讓思想從顏色中呈現出來，「精神在目光中被看到和讀出來，而這些目光不過是各種顏色的組合。其他的精神只能肉身化地、附著於一張面孔和一些動作才能夠被提供給我們。在這裡把心靈與身體、思想與視覺對立起來是無助於事的，因為塞尚恰恰回到了這些觀念得以從中抽取出來的、把它們不加分離地提供給我們的那種原初經驗。」（參考書目3，p.21）人們常說「眼睛是心靈的窗戶」。在梅洛龐蒂看來，畫家對此深有體會：「眼睛實現了向心靈開啟非心靈的東西，即諸事物的至福領地、它們的神、太陽的奇蹟。一個笛卡兒主義者可能相信現存世界是不可見的，唯一的光明是精神，整個視覺都產生自上帝。一個畫家不會同意我們向世界開放是虛幻的、間接的，我們所看到的東西不是世界本身，精神只與它的思想或者另一種精神打交道。他接受了心靈窗戶神話及其全部困難：那沒有處所的精神必須被限定在一個身體中，不僅如此，還必須透過身體被所有其他精神和自然

接納。必須嚴格地理解視覺告訴我們的東西：我們透過
視覺接觸太陽、星星，我們在同一時間裡無處不在，同
樣接近於遠方和近物；甚至我們想像別處的能力（我在
我的床上到了彼得堡、巴黎，我的眼睛看見了太陽）、自
由地達到那些實際的存在所在之處的能力，都借自於視
覺，都反覆使用著我們從視覺得來的手段。」（參考書目
5，p.83-84）

　　在一種否定科學主義指向的情況下，唯有繪畫能夠
成為梅洛龐蒂用來表達其身體理論的最好工具。他引用
瓦萊里（Valéry）的話說：畫家「提供他的身體」。身體
這一含混的工具，既不歸於單純的物性，也不歸於單純
的靈性，但它卻容納了兩者，因此成為畫家與自然之間
的橋樑。繪畫向我們揭示：「透過自己的身體浸入到可
見者之中（身體自身是可見的），視看者並不把他所看到
的東西予以占有：他只是透過目光接近它，他向世界開
放。從他的角度看，他構成其一部分的世界並不是自在
或者質料。我的運動不是一種精神決定、一種絕對的行
動，它是某種視覺的自然延續和成熟。」（參考書目5，
pp.17-18）儘管繪畫不排斥精神和理智，但絕非完全受制
於它，我們始終應該把精神與其身體基質相關聯，「實
際上，我們也看不出一個精神如何能夠作畫。正是借助
於他的在世的身體，畫家把世界變成了畫。」（參考書目

5，p.16）

　　既沒有完全依賴於自然的繪畫，也沒有眞正脫離自然的繪畫。然而，人們往往要求區別具象畫和非具象畫，就是想把自然與人性對立起來。前者似乎是寫實的，後者是抽象的。梅洛龐蒂卻不這樣看，「沒有哪顆葡萄是具象的繪畫中的葡萄，沒有哪幅畫（即使是抽象畫）能夠迴避存在，就像卡拉瓦喬畫的葡萄就是葡萄本身，這兩者同時眞實而無矛盾。」（參考書目5，p.87）繪畫當然不是實在的完全再現，但也不會因此眞正離開它，「畫在拉斯科洞壁上的動物，並不像石灰岩的裂縫和隆起那樣呆在那裡，但也並不因此處於它們之外。」（參考書目5，p.22）按我的理解，這無疑表明的是繪畫意味著物性與靈性的融合。就塞尚來說，評論家們認爲他完全非人性地迷戀於自然。但塞尚絕沒有完全聽從於自然，絕沒有非人性化，塞尚重新採納了古典的藝術定義，「藝術即人被補充給自然。」（參考書目3，p.22）繪畫顯然不會停留在表像水平上，「不管具像與否，線條既不是物的模仿，也不是一種物。」（參考書目5，p.76）。藝術意味著人與自然的雙向關係，一方面，正像塞尚夫人所說的，塞尚「隨風景一起『萌生』」（參考書目3，p.23），另一方面，「風景在我這裡思考它自己，我是它的意識。」（參考書目3，p.23）這表明，藝術既不是

簡單的「模仿」，也不是因人而異的「製造」。

繪畫始終與知覺經驗聯繫在一起，但這已經是其昇華的形式，「圖畫表達重現並超越了在知覺中開始的對世界的賦形。這就是說作品不是遠離事物地、在畫家擁有並且只有他擁有其鑰匙的私人畫室中做出的。這也就是說從作品方面看作品不是一個任意的決定，它始終參照著它的世界，彷彿它將要用來顯示世界的那些等價系統從一開始就深埋在世界之中似的。」（參考書目7，p.86）繪畫是人與可見世界打交道的一種特別的方式，梅洛龐蒂寫道：「從拉斯科洞穴直到今天，不管純粹還是不純粹，不管是具象的還是非具象的，繪畫從來都只是在頌揚可見性之謎而非其他之謎。」他進而強調說：「畫家的世界是一個可見的、無非就是可見的世界，一個近乎不可思議的世界，因為雖然它只是局部的卻又是完整的。繪畫竭盡全力喚醒並提供一種作為視覺本身的狂熱，因為看就是有距離，而繪畫把這種古怪的著魔延伸到存在的各個方面，而它們必定以某種方式使自己可見，以便進入繪畫之中。」（參考書目5，pp.26-27）畫家始終在實踐一種神奇的視覺理論，他沒有直接獲取實在，他面對的是視覺的實在，「光線、明亮、陰暗、反光、顏色，所有這些要尋求的對象並非完全是實在的存在：它們就像幽靈一樣，只具有視覺的存在。」（參考書

目5，p.29）

　　眞正說來，藝術活動是一種表達活動。這裡的表達含有創新、創造、重新開始的意思，而不是機械地重複，不是原地踏步。在梅洛龐蒂對於藝術的感受中，對於眞正有所表達的畫家來說，「僅有一種情緒是可能的：對陌生性的感受；僅有一種抒情詩是可能的：始終重新開始的生存的抒情詩。」（參考書目3，p.23）他引用巴爾札克和塞尚的例子來表明，藝術家們不滿足於成爲有教養的動物，他們在文化的開端處承擔著文化並且重建文化，始終就像第一個人說話那樣說話，就像從來沒有人畫過畫那樣作畫。他們「重新意識到了沈默而孤獨的經驗之基礎，而文化和觀念的交流正建立在這一基礎之上。藝術家推出其作品，就像一個人說出第一句話。」（參考書目3，p.25）我們在這裡似乎看到了近於俄國形式主義對於陌生性的關注。這無非是要表明，不可能存在單純以表象爲目標的繪畫，「即使古典畫家把表象自然和人性設定爲目標，畫家無論如何還是畫家，而有價值的繪畫從來都不在於單純地表象。」即使主要的表象手段古典透視法「也不是世界的移印（décalque）。」（參考書目7，pp.71-72）繪畫始終與創造聯繫在一起，「繪畫重新安排散漫的世界，並且把各種物品做成爲祭品，就像詩人使日常語言燃燒一樣。」（參考書目7，p.89）所

以，塞尚的主要問題是表達問題，是「說第一句話」問題。

　　這當然不是說畫家是完全孤獨的，他只是換了一種交流方式，而促成其作品意義的正是這種交流：「畫家能做的只是構造一個形象，他必定期待這一形象爲了其他人而活起來。因此藝術作品匯合了這些分離的生命。」（參考書目3，p.26）塞尚並沒有獲得絕對孤獨的自由，按照梅洛龐蒂的說解：「說我們的生命完全是建構出來的或者說它完全是給定的乃是一回事。如果存在著一種眞正的自由，這或許只能是在生命的歷程中，超越我們作爲起點的處境，而與此同時我們又不停止是同一的我們——這乃是問題之所在。至於自由，有兩件事是明確的：我們從來都不是被決定的，我們永遠不會改變。回顧起來，我們始終能夠在我們的過去中找到我們之已經成爲的預兆。需要我們去同時理解這兩件事，理解自由如何不中斷我們與世界的聯繫地在我們身上顯露出來。」（參考書目3，p.28）最終說來，自由都是在行動中，而不是在理論中、在觀念中的，我們在在世的生存中去領會和獲取自由，塞尚「必須依舊是在世界之中，在畫布上面，用顏料來實現他的自由。他應該等待其他人、等待他們的感受來證明他的價值。這就是他爲什麼要拷問誕生自他的手的這幅畫、他要守候著投向他的畫布上的其

他目光的原因。這就是爲什麼他從來沒有結束工作的原因。我們從來都離不開我們的生活。我們永遠不能夠面對面地看到觀念，也不能面對面地看到自由。」（參考書目3，pp.32-33）

塞尚的個人生活與作品的關係來說，應該是雙向的，而不是單向的，「可以肯定，生活並不說明作品，但也可以肯定，生活和作品是相通的。眞實的情況是：這一有待去創作的作品要求這種生活。從一開始，塞尚的生命就只能依靠尚屬未來的作品來找到平衡，它乃是一種設計，而作品在生命當中由一些我們會錯誤地看作原因的先兆預告出來。然而這些先兆卻使作品和生命變成了單一的歷險。」（參考書目3，p.26）我們當然可以說「在類精神分裂症體質和塞尚的作品之間有一種關係」，但透過理解其作品，我們發現這乃是「人類生存的一種普遍可能性」（參考書目3，p.27）。這當然不是客觀讀解出來的，而是說我們從其作品中領會到的是相同的處境意識，我們不會唯讀作品，唯讀創作者，而是會同時讀出我們自己。在作品的開放中，我們找到的是更爲多向和複雜的關係：「一個作家的生活不會告訴我們任何東西，而如果我們知道去讀解它，我們又能在此找到一切，因爲它向作品開放——這兩者都是眞實的。」（參考書目3，p.32）作品不是藝術家生活的直接寫照，但它反

映人類生活，也因此始終包含著藝術家的儘管個性化的
生活。

　　繪畫讓人們讀出普遍的人類處境，但它不具有科學
意義上的普遍性，不會像科學那樣具有累積發展的成
果：「普遍的繪畫、繪畫的整體化、完全實現的繪畫之
觀念是不具有意義的。過了幾百萬年，如果世界還存在
的話，它對於畫家們來說仍有待去畫，它將在沒有被畫
成中毀滅。」（參考書目5，p.90）因此我們可以說繪畫沒
有進步，「如果說我們既不能在繪畫方面，也不能在別
的方面確立文明的等級或者談論進步，這不是因爲某種
命運在後面控制著，而毋寧說，在某種意義上，第一幅
畫一直通達了未來的深處。如果沒有哪幅畫完成了繪
畫，如果沒有哪一作品獲得絕對完成，那麼每一創造都
在改變、更替、啓示、深化、證實、完善、再創造和預
先創造著所有其他的創造。如果說諸種創造不是一種既
有的東西，這不僅僅因爲像所有的事物一樣，它們都將
逝去，而且因爲它們在它們面前差不多擁有了它們全部
的生命。」（參考書目5，pp.92-93）

　　這種非進步的、開放的性質表明，文學藝術始終帶
給我們的是新的經驗、新的冒險，是對於程序化的、刻
板的東西的超越，「在文學交流中存在著偶然的東西，
在全部偉大的藝術作品中存在著含混和難以還原爲論題

的東西，這不是我們可以指望予以克服的文學的一種暫時缺陷，這是我們為了擁有一種征服的語言——它不局限於陳述我們已經知道的東西，而是為我們引入陌生的經驗、引入永遠不屬於我們的那些觀點，並最終使我們擺脫自己的偏見——必須付出的代價。如果我們的眼睛不具有捕捉、拷問和賦形至今為止從未見過的空間和顏色外觀的能力，我們將永遠看不到新的景致。如果我們的身體不擁有跳出全部神經的和肌肉的運動能力以便把我們帶向預期的目標的途徑，我們就什麼事情也做不了。藝術家正是以同樣急切而簡潔的方式，既沒有過渡也不用準備地把我們投入到了一個新的世界之中。」（參考書目7，p.127）

第三章

超越物性與靈性：
心靈─身體之維

梅洛龐蒂

　　如果說笛卡兒以來的近代哲學從總體上看是純粹意識分析或者說主體哲學，因此是某種內在的形而上學、主體形而上學的話，自黑格爾哲學解體以來的現代哲學由於把重心轉向情感、意志、下意識、體驗等方面，更多地是在向身體靠近，或者乾脆就出現了直接以身體爲考察對象的身體哲學，出現了不同強度的身體的反叛。當然，這並不是對近代身心二元論的簡單倒置。身體成了某種隱喻性的東西，代表的是人生在世的諸多方面。我們差不多可以在基督教的「道成肉身說」的世俗意義上理解身體：就像上帝不是在天國俯視子民和造物，而是來到塵世一樣，主體紮根於血肉和大地，並因此不再成爲超然的意識，「主體經驗其身體的方式對於他理解世界的方式是決定性的。」（參考書目13，p.XVI）

　　在本章中，我們先是在二十世紀法國哲學及其必要的德國思想源泉限度內，簡明地勾勒身體問題的大體背景，繼而展開對梅洛龐蒂身體現象學的評介。

一、現代哲學與身體的造反

　　二十世紀法國哲學源於對笛卡兒以來的意識哲學傳統的批判反思。笛卡兒哲學是一種典型的意識哲學，典型的內在形而上學。這一哲學力圖純化心靈，把純粹理智看作是心靈的本質，主張「靈魂可以沒有肉體而存在」（參考書目33，p.82）。與此同時它又是一種身心俱為實體但明顯揚心抑身的二元論：在涉及想像、欲望和情感等問題時，不得不承認「我有一個肉體」（參考書目33，p.85）。康德哲學同樣是意識哲學，強調的是純粹意識，根本就沒有提到身體概念，原因在於他把身體和知覺納入到了意識結構之中。黑格爾的哲學整個來說涉及的是「精神現象」，或者說「意識現象」，身體同樣不具有地位。身體被看作是靈魂的外在化、特殊化、個體化，是對靈魂的無限否定（參考書目36，p.404）。在黑格爾之後，由於普遍意識和理性主體之類受到批判，導致了純粹心靈的退場，在身心二元結構中處於卑位一方的身體漸顯優尊之勢。

　　當然，這裡的身體不是機器，正像心靈不是機器中的幽靈一樣。身體如果是純粹的物質，屬於機械生理學意義上的因果關係鏈條中的一環，由笛卡兒主義的揚心抑身向反笛卡兒主義的揚身抑心的轉換就仍然囿於存在論上的二元對立之中。實際的情況是，新時期的哲學家傾向於把身體與人的情感、意志、經驗、行為等方面聯繫在一起，於是在身體概念中已經包含了本應屬於心靈的要素。也就是說，在拋棄唯心論（idealism）、唯靈論（spiritualism）的同時，他們並沒有把心靈、精神棄置一邊，而是把傳統意義上的身體和心靈予以改造，把人定位成某種「靈化的身體」（corps animé）或者「肉身化主體」。 事實上，笛卡兒哲學中包含著含混之處：一方面談論「心靈的激情」，認為「認識激情的最好途徑只能是考察靈魂與身體之間的差異」（參考書目16，p.100）；另一方面把身體感覺或者欲望看作是「模糊的思維形式」，「來自並且取決於精神和肉體的聯合」（參考書目33，p.85）。這些被梅洛龐蒂稱為偽笛卡兒主義的東西無疑為後來的哲學家留下了可供利用的資源。存在論上的對立沒有能夠否定存在者狀態上的關聯。

　　在轉折時期的哲學家尼采、叔本華和柏格森那裡，這種靈化身體都不同程度地獲得了表述。就柏格森哲學而言，由於以體驗取代知識，儘管「生命衝動」和「綿

延」尚存「意識」之名，卻已暗含身體經驗之實。他在
揚棄機械論的同時，斷然拋棄了唯靈論，在身體問題上
採取了一種超越二元論的姿態，最終承認了既非純粹意
識亦非機械身體的經驗身體的意義。按照梅洛龐蒂的看
法：「柏格森已經看到，哲學不在於實現自由與物質，
精神與肉體的分離或對立，自由和精神為了成為它們自
身，應該在物質或在身體中證實自身，也就是說應該獲
得表達。」（參考書目28，p.18）總之，柏格森最終強
調，「身體是行動的中心。」（參考書目56，p.207）沙特
等人是這一「超越」努力的繼續。透過創造性地誤讀德
國哲學家胡塞爾，透過接受海德格的影響，梅洛龐蒂推
進了法國哲學對於笛卡兒身心二元論的批判，進而建立
起所謂的「身體現象學」。

　　胡塞爾的現象學仍然是一種意識哲學，只是在論證
他人意識時才不得不引入了身體概念，其最終目標是借
助模擬論證由他人身體通向他人意識：「作為對『陌生
身體』的感知而得以進行的事物設定引發了對『陌生的
自我意識』的設定。」（參考書目40，p.849）確實，在
〈哲學家及其陰影〉中，梅洛龐蒂讀解胡塞爾的《觀念二》
和《觀念三》，目的也是為了表明身體對於解決他人問題
的意義。但正是透過這一讀解，他使胡塞爾的意識哲學
走向了未定狀態。我們暫時不去理會他人問題，我們僅

僅局限於一般的身體問題。梅洛龐蒂發現，在胡塞爾那裡，自然的態度與先驗的態度之間並不是那麼截然對立，先驗的態度並沒有把自然的態度完全置於一邊。梅洛龐蒂寫道：「自然態度的意見是一種原初意見，它將我們的存在的原初性對立於理論意識的原初性，它的優先資格是確定性的，還原後的意識應該考慮到這一點。真實的情況是，自然的態度與先驗的態度的關係並不是簡單的，並不是互相臨近或者一前一後，就像虛假或表面與真實的關係那樣。在自然的態度中有著現象學的準備。在現象學中搖擺不定的正是不斷重複自己的姿態的自然的態度。」（參考書目28，p.148）

　　否定先驗態度與自然態度的截然對立，表明了我們不應該從純粹意識出發。在這一理解的基礎上，梅洛龐蒂進而表明胡塞爾的哲學並沒有用精神來否定物質、用心靈來否定身體，而是注意到了兩者的密切關係。他引用胡塞爾《觀念三》中的一段話來表明這一點：「靈魂的實在確立在身體的物質基礎上，而不是後者確立在靈魂基礎上。更一般地說，在我們稱作自然的整個客體世界之內，物質世界是一個自我封閉且不需要任何其他實在支撐的世界。相反地，屬於一個真正的精神世界的精神實在的存在，卻與一種原初意義上的自然的存在、物質的自然相關聯，這不是由於偶然的理由，而是因為原

則的理由。當我們拷問其本質時，廣延（Res extensa）既
不包含任何揭示了精神的東西，也不包含任何要求與一
個眞正精神有間接的關聯的東西，可是，我們相反地發
現，一個眞正的精神從本質上說只能與物質性聯繫在一
起，只能作爲一個身體的眞正精神。」（參考書目28，
p.148）

　　這一段孤立的材料當然不能說明胡塞爾明確地肯定
了身體的地位，它或許只能在梅洛龐蒂自己的視域內才
具有實質性的價值。也就是說，梅洛龐蒂尋找胡塞爾的
反思立場的某些「非思」的基礎，並得出了有利於自己
的結論：「現象學最終說來既不是一種唯物主義，也不
是一種精神哲學。它特有的運作是去揭示前理論的層次
——兩種理想化在此找到了它們的相對權利並且被超
越。」（參考書目28，p.148）不管是單純強調物質還是單
純強調精神，兩種姿態都是極端的理想化，最終應該超
越兩者而回到含混的「肉身化主體」。

　　海德格的現象學既非明確的意識哲學，亦非明確的
身體哲學，但他對在世存在的強調無疑使其偏向後者而
非前者。可是，我們很難直接找到有關材料來進行論
證，按照瓦埃朗的說法：「在《存在與時間》中我們找
不出三十行探討知覺問題的文字，找不出十行探討身體
問題的文字。」（參考書目2，p.VI）作爲一種強調生存

在世的哲學卻不正面探討身體問題，不可避免地導致困
難。香港學者劉國英先生認為，「《存在與時間》中的此
在現象學並非無懈可擊，因為海德格並未正面處理肉身
主體與此在的關係，使圍繞此在進行的現象學描述停留
於純粹形式的層面。」（參考書目53，p.54）真正說來，
「肉身主體」「沒有得到應有的處理」，「肉身現象或肉身
存在一般亦沒有得到適當的存在論說明。」（參考書目
53，p.56）儘管如此，我以為，「此在」概念實際上暗含
著身心統一結構，原始經驗或體驗在其間居於核心地
位：他關於工具的上手、在手性質的描述、關於現身和
領會的描述都隱含著某種身體哲學的東西。

　　海德格對梅洛龐蒂影響很大，但我們很少能夠看到
梅洛龐蒂對他的直接引用，《行為的結構》、《世界的散
文》、《眼與心》、《知覺的首要地位及其哲學結論》、
《可見的與不可見的》根本沒有直接提到海德格，《符號》
和《哲學贊詞》僅有一兩處提及。《知覺現象學》算是
提到最多的了，也主要在「前言」中一般地提及，還有
就是在時間性問題上、在我思與世界的關係問題上稍有
提及。可以說，梅洛龐蒂在海德格那裡沒有找到身體問
題的直接可用的材料。但從另一角度說，他找到了原則
性的根據。按照他的理解，我們無法嚴格區分開胡塞爾
的現象學和海德格的現象學，因為「整個《存在與時間》

都源自於胡塞爾的指令，從總體上看只不過是對胡塞爾在其晚年看作是現象學第一主題的『自然的世界觀念』或『生活世界』的解釋。」（參考書目1，p.I）他實際上是用海德格對胡塞爾後期思想的展開來表明現象學並不只有先驗的取向，來表明海德格和他本人的努力沒有離開現象學：「現象學還原遠不像人們相信的那樣是一種唯心主義哲學的表述，它是一種生存哲學的表述：海德格的『在世界之中存在』只能在現象學還原基礎上呈現出來。」（參考書目1，p.IX）

　　按照我的理解，梅洛龐蒂身體哲學是海德格在世存在理論的必然進展。保羅‧李克爾有這樣的一個說法：在他關注意志問題的那個階段，現象學「就是生存現象學，其根本的結構包含的是承認肉身化、本己的身體這一中心難題。」（參考書目17，p.87）這顯然統括了海德格、沙特、梅洛龐蒂和李克爾本人的哲學處境。

　　沙特哲學體現了胡塞爾的純粹意識理論與海德格的此在學說之間的張力。從強調自為和「無我之思」的角度看，他更為徹底地純化了胡塞爾的意識和心靈概念，以至於把意識等同於「無」，使之完全擺脫了與生理的、作為物質媒介的身體的任何牽連。然而，沙特最終要解決「人的實在」問題，不可能只談「虛」不論「實」，也因此至少在存在者狀態層次上要求將自為與自在統一起

來。於是，在具體地描述自為時，他把身體作為自為的
基本結構的一個環節提了出來，從而把身體看作既是自
為本身，又的確與之有別的東西。他這樣寫道：「自為
存在完完全全應該是身體，而且完完全全應該是意識，
它不可能被結合到一個身體上。」（參考書目18，p.344）
稍微具體一點說，自為具有「時間性」、「超越性」和
「為他性」三個向度，而身體與自為的為他性聯繫在一
起。

　　正是由於身體與自為的這種原始牽連，身體也具有
與自為結構相類似的三個向度，分別表現為自為的偶然
存在、在他人目光中作為對象而存在，以及我借助於他
人目光而自我反思地存在：「我親在我的身體（J'existe
mon corps），這是身體存在的第一向度。我的身體被他人
利用和認識，這是它的第二向度。但由於我是為他的，
他人對我表現為我是其對象的主體。我們看到，正是在
這裡涉及到了我與他人的基本關係。我因此作為被他人
認識的東西——尤其是在我的人為性本身中——而為我地
存在。我作為被他人認識的東西而以身體的名義為我地
存在。這是我的身體的本體論第三向度。」（參考書目
18，p.392）

　　在沙特那裡，身體意識暗中開始動搖純粹意識的絕
對地位。瓦埃朗非常重視沙特對身體問題的關注，他指

出，「正是沙特在當代存在主義中引入了爲我的身體
（corps pour-moi）與我的爲他的身體（mon corps pour-
autrui）之間的重要區分，沒有這一區分，整個關於身體
的提問方式就會陷入到混亂之中，就會無法招架實證主
義（postivisme）的攻擊。」（參考書目2，p.VI）儘管如
此，沙特哲學最終無法容忍「身體的造反」，只要一回到
強調自在與自爲之間的二元對立的本體論框架，就可以
看出，「在他的原則之內重新恢復了思維實體
（substance-pensée）和廣延實體（substance-étendue）之間
的笛卡兒式的二元論。」（參考書目2，p.VI）在身體問
題方面，梅洛龐蒂在《行爲的結構》和《知覺現象學》
中對沙特都有所正面引用，主要涉及到潛意識、顏色知
覺、想像的身體等方面。從總體上看，沙特因爲強調超
然的見證意識，依然維持著身心二元結構，而梅洛龐蒂
則始終強調處境意識，從而克服了這種二元對立。

　　梅洛龐蒂則建立了眞正意義上的身體現象學。身體
實際上意味著在世存在的含混性：既不存在透明的意
識，也不存在作爲充實實體的身體，於是身體概念體現
了身心的互動和交織，「在身體從客觀世界退隱並在純
粹主體和客體之間形成一種第三類存在的同時，主體喪
失了它的純粹性和透明。」（參考書目1，p.403）於是一
個活的身體占據了從前由純粹意識所占據的地位，形成

為存在的第三向度，身心二元論於是被真正揚棄。梅洛龐蒂最終把一切建立在身體行為、身體經驗或知覺經驗基礎之上，用身體意向性取代了自笛卡兒以來一直受到強調的意識意向性，用身體主體取代了意識主體。梅洛龐蒂的所有作品都涉及到身體問題（行為問題、知覺問題），但往往從不同角度予以展開。在下面的篇幅中，我們將一般地探討身體問題，把身體與語言之間、身體與他人之間的關係等問題放在後面章節去處理。

二、行為超出於生理與心理

　　我們可以透過《行為的結構》來把握梅洛龐蒂是如何分析、評價和克服素樸意識（conscience naïve）、科學心理學、經驗論哲學和理智論哲學的行為觀的，這是通向身體主體觀的非常重要的環節，是梅洛龐蒂身體現象學誕生的秘密之所在。在該書導論中，他開門見山地指出：「我們的目標是理解意識與自然之間的有機的、心理的甚至社會的關係。我們在此把自然理解為彼此外在並且透過因果關係連接起來的眾多事件。」（參考書目

2，p.1）在《知覺現象學》中，他再度表示：「對於我們來說，問題在於理解意識與自然、內在與外在的關係。」（參考書目1，p.489）這樣的表述看似明確，實則非常含混。正因為此，它們的確表達了他的全部著作的所有消極的和積極的努力。所謂消極的努力，指的是他對於那些把自然看作是「彼此外在並且透過因果關係關聯起來的眾多事件」的科學觀和哲學觀的批判。所謂積極的努力當然是指他對「關係」的正面描述，他把一切建立在含混的身體及其行為或者說知覺的結構基礎之上。

　　梅洛龐蒂要求我們回到對人的行為和知覺的分析上來，考慮的是人與環境的關係。但這裡的環境不是物理環境而是行為環境，這意味著動機、意向等心理因素與身體運動這一生理因素的融合。但是，不管在哲學中，還是在各門科學中，自然與意識依然是二元分離的，這在當代法國人那裡明顯表現出來：「使整個自然成為在意識面前被構成的一種客觀統一體的哲學，把機體和意識看作是實在的兩種秩序、並且在其相互關係中把它們看作是『結果』和『原因』的各門學科是並行的。」（參考書目2，p.2）這一判斷涵括了哲學和各門科學的共同立場，在梅洛龐蒂眼裡，這種立場無疑應該予以超越。

　　在科學方面，透過對心理學中的反射（réflexe）理

論、條件反射（réflexe conditionné）理論、行為主義和格
式塔理論的分析，梅洛龐蒂揭示了素樸意識狀態中的身
體心靈統一、物質意識統一在各種科學的心理學中是如
何分化的。他最終借用格式塔理論來超越反射理論的刺
激—反應的原子主義解釋（interprétation atomiste）模式和
行為主義對於行為的客觀解釋模式，強調用諸元素的組
合形式或者結構來說明行為。格式塔理論被他看作是一
個轉折環節，它以整體的結構或者說形式取代了原子主
義立場。但是，在他眼裡，格式塔理論的變革還不夠徹
底，原因就在於，它依然受制於物理學—生理學視野：
「最終說來，他們把被知覺世界的結構看作是某些物理和
生理過程的簡單結果，而這些過程發生在神經系統中，
完全決定著格式塔和對格式塔的經驗。機體和意識自身
只是外部物理變數的函數。」（參考書目12，p.23）更為
重要的是，格式塔心理學還沒有上升到哲學層次。

　　梅洛龐蒂要求超出於心理學視野。他批判分析心理
學中隱含的不同哲學傾向或者說哲學基礎，最終得出自
己的哲學結論，並因此超越傳統的各種哲學學說。他把
物質、生命和精神看作是三種涵義秩序，這完全超越了
物理學—生理學視野，也超越了素樸意識論、經驗論和
理智論的立場，但在某種意義上與批判思維合拍。事實
上，在哲學中，他把康德的批判主義看作是一個必要的

環節。如同格式塔心理學一樣，這種批判立場對於他來
說是非常重要的。但是，梅洛龐蒂認為批判主義同樣沒
有眞正地解決問題，因為它否定了生活世界，「我們從
未停止生活在知覺世界中，但我們在一種批判思維中忽
視了它——差不多到了忘記知覺對於我們的眞理觀念的
貢獻的地步。」（參考書目12，p.3）於是，他否認自己的
理論是批判主義的。

　　既然談行為，當然要表明其適用範圍。行為顯然只
能就一個人或一個動物而言。梅洛龐蒂力圖表明自己與
行為主義的區別。行為主義是一種對立於心靈主義
（mindism）的學說，後者把心理看作是透過內省
（introspection）來描述的心理學主題。接受機械主義、動
物心理學（尤其是條件刺激理論）和機能心理學的影
響，行為主義既否定意識也否定內省。根據梅洛龐蒂的
看法，行為主義在大部分時間尋求借助的不過是生理
的、甚至物理的說明，他這樣寫道：「我們知道，在華
生那裡，根據古典的二律背反，對意識作為『內部實在』
的否定被認為是有利於生理學的，行為被還原為反射和
條件反射的總和。」（參考書目2，pp.2-3）於是，他的工
作就是借助格式塔理論表明：「這種原子主義解釋在反
射理論中遭到了失敗，更不用說在同樣客觀的關於高級
行為的心理學中了。」（參考書目2，p.3）

　　當然，梅洛龐蒂也表示，他自己並非不能夠從行為主義那裡獲得有益的東西，不過這需要加以改造，「當華生談行為的時候，他已經注意到了別人稱之為生存的東西，然而，除非為了辯證思維而拋棄因果的或機械的思維，否則新的觀念就不會獲得其哲學地位。」（參考書目2，p.2註腳）格式塔心理學已經取得了比行為主義更有價值的成果，而他本人的關鍵工作是從中獲得哲學結論：「透過超越行為主義，人們至少達到了把意識不是作為心理實在或作為原因，而是作為結構引入這樣一個結果。有待於探尋的是這些結構的意義或存在樣式。」（參考書目2，p.3）統觀整個《行為的結構》，梅洛龐蒂在行為或者說知覺問題上，以心理學中的反射理論、條件反射理論和格式塔理論為基礎，探討了素樸意識及其經驗實在論、關於感性的哲學實在論、關於感性的偽笛卡兒主義、知覺意識的笛卡兒式分析和批判主義觀念對於行為問題的不同立場，進而表明了自己對於上述立場的超越姿態。

（一）從素樸意識到科學心理學

　　按照梅洛龐蒂的表述，素樸意識意味著：「假如我們按照事物在我們無言地、不經反思地體驗它們時向我

們顯現的樣子回想它們，而且假如我們忠實地描述它們的存在樣式，它們就不會讓人想到任何的實在論隱喻。」（參考書目2，p.200）我們的直接經驗不會把我們周圍的東西看作是我們的知覺的原因，我們也不會因為只能看到一個東西的三面，就把透視看作是事物在主觀中的變形。所以素樸意識沒有形成主客二分，沒有形成因果觀念，它雖然不會把事物與事物具有的向我們呈現的方式混淆起來，但它認為它所達到的始終是事物本身，而不是事物的主觀再現。「它並不設想身體或者某些心理『表象』在它自己與實在之間構築了一道屏障。按照某種不可分割的方式，被知覺者既被領會為『自在』，即具有我永遠也不能窮盡地探索的內部，又被領會為『為我』，即透過它的各種暫時外表而作為化身被給予。」（參考書目2，p.201）這樣，這種素樸意識既對立於經驗論，它並不把事物完全等同於事物的感性表現，又對立於理智論，堅持它們並不歸屬於判斷秩序的統一體。

　　素樸意識就是未經反思的直接意識，它透過身體與事物共生共存。我的直接意識當然知道我是透過眼睛來看事物的，而且閉上眼睛就中斷了場景，但這種知道並不妨礙我相信：當我的目光投向事物時，我看到的是事物本身，「這是因為身體自身及其器官始終是我的意向的支撐點和載體，還沒有被領會為『生理學的實在』。身

體就像那些外在事物一樣被呈現給心靈，在兩種情況下
涉及的都不是兩項之間的一種因果關係。人的統一性還
沒有斷裂，身體還沒有被剝去人的謂詞，它還沒有變成
一部機器，心靈還沒有以自為存在的名義獲得界定。」
（參考書目2，p.203）這種情況表明，在科學沒有起主導
作用之前，人的知覺或者行為體現為一種身心交融、物
我合一、主客未分的渾沌狀態：「既然心靈始終是與自
然共外延的，既然知覺主體沒有被領會為外部事件之資
訊在那裡間接通達的一個小宇宙，既然他的目光向那些
事物本身延伸，那麼，作用於事物對他來說就不是走出
自我並在廣延的一個片斷中引起局部的移動，而是在現
象場中使意向擴張為一個有涵義的身勢（geste）圈，或
者使意向與事物結合在一起……他生活在一個經驗的宇
宙中，生活在相對於機體、思想和廣延的實質性區分而
言的中性環境中，生活在與各種存在、各種事物以及他
自己的身體的直接交往中。」（參考書目2，p.204）這裡
的知覺或行為，類同於海德格意義上的在用具的使用中
對用具的領會。

　　在梅洛龐蒂看來，心理學是對行為進行科學分析的
各種努力，它們拋棄了素樸意識的明證性。比如說，我
在一間陰暗的房間中，一個亮點出現在牆壁上，並且在
那裡移動，我就說亮點「引起了」我的注意，我轉動眼

睛「朝向」它，它在其整個移動中都「吸引著」我的目
光。同時，我的行為呈現為有方向的，具有某種意向和
某種涵義。但科學似乎要求我們把這些特徵作為現象予
以拋棄，應該在這些現象之下發現另一種類型的實在。
可見之光「在我們之中」，它掩蓋了一種從未被給予意識
的振動。於是，科學把性質現象稱作「現象之光」，把振
動稱作「實在之光」。由於實在之光從來都沒有被知覺
到，它不會作為我的注視指向的目標呈現出來，它只能
被思考為作用於我的機體的原因。也就是說，常識告訴
我們，實在之光就在現象之光中、我們自然地感受到的
光線之中。但科學要求我們把實在之光看作是原因，現
象之光只不過是其主觀的表象。

　　於是需要說明自在事物對身體產生作用進而讓身體
產生反應的因果鏈條。這就造成了某種後果：「一旦人
們停止信賴意識的直接與料（donné），一旦人們打算建
構關於機體的科學表象，人們似乎就被引向了古典的反
射理論——也就是說把刺激和反應分解為在時間中和在
空間中一樣的彼此外在的多個部分過程。反應對於情境
的適應由於某些感受器官與某些效應肌之間的那些預定
的關聯（通常被設想為一些解剖學裝置）而獲得說明。
最簡單的神經機能不過是讓非常大量的自主環路運轉起
來而非別的什麼。我們可以說反射是一種『縱向』現

象，它是某一確定的物理動因（agent）或化學動因對於某一定位確定的感受器的作用，它透過某一確定的通道引起某一確定的反應。」（參考書目2，pp.6-7）

這就意味著，在反射理論中，行為被納入到「物理和生理事件的線性系列中」，在這裡「刺激有著原因的地位，在經驗論意義上是恆常的、無條件地在先的東西，而機體是被動的，因為它局限於執行由興奮位置和源自這裡的神經環路為它規定的事情。」（參考書目2，p.7）儘管當代生理學超越了這種機械的反射理論，認為「興奮從來都不是對外部作用的被動的記載，而是對這些影響的轉化——這一轉化使這些影響事實上服從於機體的描述規範。」（參考書目2，p.28）但究其根底，則沒有實質改變，它表達的無非是：「適當的刺激不會自在地、獨立於機體地獲得界定；它不是一種物理的實在，而是一種生理的或生物的實在。那必然開啓某種反射反應的，不是一種物理化學動因，而是物理化學動因僅為其契機而非其原因的某種興奮形式。」（參考書目2，p.31）現代生理學關注機體對於刺激的協調和控制，並且把知覺看作是一種心理—物理事件而不是純粹的物理和生理事件。這是對古典反射理論的修正，它賦予了機體以某種活力。也就是說，機體對於刺激的轉化被看作是客觀身體的產物，正是它的內部器官把資訊傳送給了大腦。

所以它依然保全了刺激—反應的基本形式，只是強調了
生理過程的複雜性而已。

　　關於高級行爲的心理學理論並沒有發生實質性的變
革，它強調了機體與複雜環境之間的關係，以條件反射
模式取代了機械反射模式。梅洛龐蒂從巴甫洛夫自己的
表態看出，「知覺行爲分析最初是作爲對反射理論的補
充和延伸發展起來的……神經活動的本質始終保持不
變：這是一個可以分解成一些實在部分的過程。」（參考
書目2，p.55）也就是說，儘管對古典反射理論有所改
進，但還是可以看出，「條件反射理論遠不是對行爲的
忠實描述，它是一種受到實在分析的原子論假設的啓發
的構造。」（參考書目2，p.59）巴甫洛夫的反射學把行爲
當作一種事物處理，把它納入和吸收到世界的事件和關
係的組織之中。於是，高級行爲始終被還原爲低級行
爲。儘管機體已經具有某種自爲性，但刺激對象依然是
機械性質的東西，這對於經驗論和理智論均是如此。比
如針對動物把一根樹枝當作棍子這樣一個行爲，「經驗
主義心理學和理智主義心理學的一貫的錯誤在於它們的
如此推理：一根樹枝，作爲一個物理實在，既然在其本
身中擁有長度、寬度和硬度這些能使它被用作爲一根棍
子的屬性，它也就可以作爲一個刺激擁有這些屬性，因
而它們在行爲中起作用就是不言而喻的了。」（參考書目

2，p.124）

　　梅洛龐蒂引入格式塔理論，以形式概念來取代簡單的刺激－反應模式和複雜的條件刺激模式，他認為，「格式塔理論透過批判生理學中的『解剖精神』，為『形式』觀念提供了辯護。」（參考書目2，p.50）他表示，問題不在於引進一種新的假說，而在於引進一個新的範疇，也就是說『形式』範疇，也可以說「結構」範疇，它在非有機領域如同在有機領域一樣有其運用。形式概念否定了「縱向功能」，而承認了「橫向功能」的意義。也就是說它否定了刺激－反應的單線關係，強調了系統性和整體性，把行為看作是一個整體過程，「我們不能夠在神經現象中把反應的每一部分與局部條件聯繫起來，在傳入興奮和運動衝動之間，最終在所有的東西之間都存在著相互作用和內在聯繫。」（參考書目2，p.49）

　　不過，梅洛龐蒂批評格式塔理論「把擬人傾向和目的性引入到了物理學和生理學中」。在他看來，低級行為分析強調的是自在秩序，而高級行為分析強調了自為秩序，而「具有一種結構」的行為，「在這兩類秩序的任何一種中都不占有其位置。」所以我們關於各種行為的經驗「實際上超越了自為與自在的兩難抉擇。」（參考書目2，p.137）被提供給知覺經驗的行為，既不是事物，也不是意識，「行為不是一個事物，但它更不是一個觀

念，它並不是某一純粹意識的外殼。作爲對某種行爲的
見證，我並不就是一種純粹意識。這正是我們說行爲是
一種形式時所要表達的東西。」（參考書目2，p.138）

梅洛龐蒂當然不會停留在這種心理學的水平上，他
要挖出各種心理學背後的哲學根基，並最終超越它們：
「借助於『形式』這一概念，我們已經找到了避免在關於
行爲的『中樞區域』分析中、在關於它的各種可見表現
的分析中的那些古典的二律背反之手段。更一般地說，
這個概念使我們避免了把外在相關的要素並置的某種哲
學和在所有現象中發現思維的內在關係的另一種哲學之
間的兩難抉擇。」（參考書目2，p.138）也就是說，借助
形式概念來理解行爲，他不僅克服了心理學中機械論和
活力論的二律背反，進而還超越了兩種對立的哲學解
釋。同樣，梅洛龐蒂分析素樸意識在科學心理學中的命
運，否定科學對於知覺經驗的遮蔽，但他並不因此就要
重新回到素樸意識。他的哲學是現象學的，而不是素樸
意識的，它已經合理地借鑑傳統和科學中的某些東西。
正像他所說的，「現象學永遠不可能在理性主義傳統的
所有其他哲學努力之前發生，也不可能先於科學的建
構。」（參考書目12，p.29）

（二）從關於感性的哲學實在論到關於知覺的理智分析

素樸意識是未經反思的，因爲在正常情形下，根本不存在身體與心靈、物質與意識的明確區分。但是，一旦生病或者出現生理缺陷，我們就會發現身體構成爲意識與世界之間的屏障，它左右著我們對於事物的知覺，會改變我們對事物的知覺，甚至會引起某種徹頭徹尾的僞知覺。這樣一來，反思被引入了，出現了對於知覺的哲學思考。所謂的關於感性的哲學實在論，實際上指的是各種形式的強調外感經驗的經驗論哲學。外部事物刺激我們的感官，形成感覺印象，進而形成觀念和知識。當然，對於外部事物本身的性質如何，則存在著分歧。儘管如此，物質、身體、心靈之間的區分已經獲得了界定，身體成爲從此以後彼此分開的實在世界與知覺之間的必不可少的仲介。

梅洛龐蒂這樣寫道：「世界分而爲二：既有處於我的身體之外的實在世界，還有爲我的、從量上區別於前者的世界。應當將知覺的外部原因與它默想的內在對象分離開來。本己身體（corps propre）變成爲一團物質性的東西，主體相應地撤離身體以便在自身中凝思其表象。分離開純粹描述所揭示的、在某一經驗的生動統一

體中不可分離地連結在一起的三個要素，我們會發現外
在事件的三種秩序相互呈現：那些自然事件、機體事件
和思想事件相互透過對方而獲得說明。知覺產生於某一
事物對身體、身體對心靈的作用。我們安置在心外之物
函項中的首先是感性事物、被感知者本身，問題於是在
於理解實在的一個副本或者模仿如何在身體中，然後在
思想中被引起……知覺被理解為感性事物在我們身上的
一種模仿或複製，或者被理解為某種在外部感性事物中
僅為潛能的東西在心靈中的實現。」（參考書目2，
pp.205-206）這乃是梅洛龐蒂對於經驗論哲學有關事物、
身體和心靈關係的學說的概括，他從中看到的是非常明
顯的心物二分，身心二分。

　　偽笛卡兒主義或許是一個過渡環節。在真正的經驗
論者看來，感性事物透過身體而傳遞給精神，他顯然強
調了身體相應於外部事物的被動性，知覺由此成為自然
的一部分，而被知覺世界主要是由不受感知影響的第一
性質組成的。但是，「問題在於在身體中確定知覺的各
種適當的條件」，於是，寫作《屈光學》、《論人》、《論
世界》的笛卡兒，不得不把作為共同感覺所在地的松果
腺看作是身體和知覺的仲介，正像當代生理學家們用聯
合區（zone d'association）來扮演這一角色那樣。於是知
覺及其特定的對象被看作是「心理的」或「內在的」現

象，是某些生理或心理變數的函數。外部事物不再是知覺的必然的而是偶然的原因。馬勒伯朗士進而表明：「外部事物與身體印象不再作爲典型原因起作用，它們是心靈感受的偶因。」（參考書目2，p.206）

在梅洛龐蒂看來，這樣的修正並沒有能夠避免傳遞進程，「假如大腦印象不過是知覺的偶然原因，那麼在大腦印象與知覺之間仍然必定存在著一種有規律的對應……偶然原因替代典型原因沒有消除把被知覺對象的某種生理表象置於大腦中的必然性。」（參考書目2，p.206）顯然，這裡強調了內感經驗的重要性，也就是說，爲了對知覺作出科學解釋，笛卡兒和後來的生理學家一樣，不得不「在身體中尋找被知覺者的生理等價物」。這樣，笛卡兒「將自己立足於完全既定的世界中，在這個世界中勾勒出人的身體並最終引入心靈。」（參考書目2，p.210）這依然承認的是從外部對象到身體再到心靈的進程，儘管強調了其複雜性而不是機械性。顯然，這並不是眞正的笛卡兒主義姿態，而是一種僞笛卡兒主義姿態。

我們進而發現與經驗論立場完全對立的理智論姿態。眞正的笛卡兒主義驅逐感性事物，把一切都觀念化，「笛卡兒的首要念頭是拋棄哲學實在論引入的超心理的事物，爲的是回到對於人的經驗的清算和描述，而

無須首先假定從外部對它進行說明的任何東西。」（參考
書目2，p.210）就知覺而言，按照梅洛龐蒂的觀點，笛卡
兒主義的實質就在於立足於知覺本身的內部，不把視覺
和觸覺分析為身體的功能，而是「關於看和觸摸的獨一
無二的思想」。超越於那些使知覺作為一種自然結果出現
的因果說明，笛卡兒尋找知覺的內部結構，說明知覺的
意義。於是，意識與自然的關係被納入思想領域：「笛
卡兒式懷疑必然在自身內包含著解決，這恰恰是因為它
沒有預設任何東西、任何關於認識的實在論觀念，因為
透過把注意力從經歷著事物的看和觸摸引回到『看和觸
摸的思想』，透過把知覺和一般認識活動的內在意義置於
無遮蔽狀態，它向思想揭示了不容置疑的涵義領域。」
（參考書目2，pp.210-211）

　　顯然，真正的笛卡兒主義不僅否定了外部經驗，同
時還否定了內部經驗，把一切都完全純思想化、純觀念
化了，「知覺不再呈現為某一外部事物在我們身上作用
的結果，身體也不再呈現為這一因果作用的仲介：被定
義為『關於』事物『的思想』和『關於』身體『的思
想』，被定義為涵義事物（signification chose）和涵義身
體（signification corps），外部事物和身體成為不容置疑
的，以至於它們在清楚明白的經驗中向我們呈現，與此
同時，它們喪失了哲學實在論給予它們的種種神秘力

量。」（參考書目2，p.211）但梅洛龐蒂認為，「笛卡兒沒有沿著這條路走到底」。也就是說，他真正關心的是清楚明白的思想，他並不尋求將認識真理與體驗實在、將理智與感覺整合在一起。於是，身體與心靈、廣延與思維的對立最終不是由思想或者意識來解決，而只能由上帝來解決。

我們不僅要看到經驗論和理智論兩種立場之間的對立，還應該看到它們之間的相通的地方。實際上，感性認識的唯物論解釋並非始終都是經驗論的，它完全有可能通向觀念論。我從既定的事物秩序出發，把一切都對象化，忘記了我的經驗的透視，自此以後把經驗當作對象，從對象之間的某種關係中把經驗推演出來，把作為針對世界之視點的我的身體看作是這個世界的對象之一。也就是說，事物是客觀的，我的身體是客觀的，我對事物的知覺也是客觀的。不過，隨著推論的進展，就會出現疑問。我對某物的知覺可以擴展到普遍的範圍之內，我也因此「離開我的經驗，到達觀念。作為對象，觀念被認為是對所有的人都一樣的，是對所有的時間和所有的地方都有效的。物體在一個客觀的時間和空間點上的個別化，最終呈現為是某種普遍的確定能力的表達。我不再像在前述所謂的知識中、在與它們的溝通中經歷我的身體、世界和時間那樣占據我的身體、世界和

時間。我談論的只不過是觀念中的我的身體、觀念中的
世界、空間觀念和時間觀念。」（參考書目1，pp.85-86）
於是，觀念論並不是理智論的專利，經驗論也完全有可
能走向這種立場。

（三）批判主義與超越批判主義

　　梅洛龐蒂否定經驗論和理智論的解決方案，但他自
己走向何處呢？「一方面拒絕經驗論，另一方面拒絕理
智論，這並非理所當然地要求非批判地信奉常識。」（參
考書目13，p.47）康德或許給予了他以啟示。按照他的看
法，康德透過綜合經驗論和唯理論而克服了關於外部事
物及身體的實在論和懷疑論之爭。笛卡兒把感性事物予
以排斥，關注的完全是思想。但康德恢復了感性事物的
地位，當然不存在著自在事物，一切都進入到現象世
界，「在世界中沒有任何東西是外在於精神的，世界是
意識所包含的客觀關係的整體。」（參考書目2，p.1）這
樣感性事物意味著與意識的某種密切關係，「對於某個
事物而言，作用於某個精神的唯一方式是向它提供一種
涵義，是向它呈現自己，是借助於它的各種理智聯繫在
它面前構成自己。」（參考書目2，p.215）
　　於是，主觀和客觀、物質與精神、身體與心靈在現

象界中密切相關，「先驗唯心主義透過使主體和客體成
爲不可分割的相關項保證了知覺經驗的有效性。」身體
成爲現象世界的一部分，不是自在的而是爲意識的。梅
洛龐蒂認爲，這就以某種方式克服了身心二元論，「透
過證明我們從來都不是與自在的身體，而是與一個爲意
識的身體打交道，透過證明我們因此沒有必要把意識置
於與一種不透明而陌生的實在的聯繫中，批判主義思維
逐漸排除了心靈與身體的關係問題。」（參考書目2，
p.224）

　　透過分析批判有關心理學思想，梅洛龐蒂考察了行
爲在物理世界和在機體中的誕生，「借助結構或形式這
一觀念，我們已經覺察到，無論是機械論還是目的論都
應該一起被拋棄，『物理』、『生命』和『心理』並不代
表三種存在能力，而是三種辯證法。人身上的物理自然
並不從屬於一種生命原則，機體並不謀求實現一個觀
念，心理『在』身體『之中』並不是一種動力原則；我
們稱之爲自然的東西已經是一種自然意識，我們稱之爲
生命的東西已經是一種生命意識，我們稱之爲心理的東
西仍然是意識面前的一種對象。與此同時，確立物理形
式、有機形式和『心理』形式的理想性，而且正因爲我
們要確立這種理想性，我們就不能夠簡單地重疊這三種
秩序；它們之中的每一種都不是新實體，都應該被看作

是前一種的『重新開始』和『重新構造』。由此導致這一
分析的雙重角度：它把高級秩序從低級秩序中解放出
來，同時又把它『奠基』於後者之上。」（參考書目2，
p.199）

　　梅洛龐蒂自己認為，上述結論與先驗唯心論是合拍
的，它「至少導向先驗的態度，也就是說一種把全部可
以設想的實在都看作為意識對象的哲學。在我們看來，
物質、生命、精神不能夠被界定為實在的三種秩序或者
三種存在，而是涵義的三個平面或統一體的三種形式。」
（參考書目2，p.217）也就是說，梅洛龐蒂克服機械論和
因果思維的影響，把物質、生命和精神界定為涵義的三
個層次，在一定意義上回到了康德的批判主義。行為不
再是一種物質性的實在，更不是一種心理的實在，而是
既不屬於外在世界、也不屬於內在生命的一種涵義整體
或一種結構。這就超越了古典的經驗論與理智論之爭。
梅洛龐蒂明確表示，「為了表達心靈與身體的關係，我
們因此不應該接受任何唯物論模式，但更不能接受各種
唯靈論模式，比如笛卡兒關於工匠與其工具的隱喻。」
（參考書目2，p.225）

　　我們之所以說梅洛龐蒂的觀點近於先驗論的姿態，
這是因為，行為的各種結構「不能夠被還原為物理刺激
與肌肉收縮的辯證法，並且在這個意義上，行為遠不是

一種自在地存在的東西，而是面對思考它的意識的一種
涵義整體。」（參考書目2，p.225）但是，康德哲學畢竟
是一種認識論，他始終停留在認識論範圍內來解決傳統
的二元對立，知覺成為理智的一個變種，成為了一種判
斷。最終是用關於知覺的理智主義理論來解決形式與質
料、所予者與所思者、心靈與身體之間的關係問題。梅
洛龐蒂把先驗哲學看作是反思的第一階段，顯然肯定了
其意義。但是，回到生活世界的要求，使他必然跨越這
一階梯，他這樣寫道：「先驗哲學的觀念，也就是說關
於那種能夠構成它自己面前的世界的、能夠在一種毫無
疑問的外部經驗中把握那些對象本身的意識的觀念，在
我們看來乃是反思的第一階段的一種確定性的收穫。」
（參考書目2，p.232）於是，他要用生存論取代認識論，
從而使問題在另一領域，以另外的方式獲得解決：「我
們引入的區分毋寧是經驗到的東西（le vécu）與認識到
的東西（le connu）之間的區分。心靈與身體的關係問題
於是被轉化了而不是消失了。」（參考書目2，p.232）

　　行為和身體最終成為某種辯證法的載體，也就是說
成為一種含混的心物統一體，「我的身體的存在，以及
對我來說『在』這一身體『之中』不能知覺到的現象的
存在，因此是嚴格同義的。在它們之間不存在著因果關
係，它們是一些協調一致的現象。」（參考書目2，p.234）

梅洛龐蒂於是以行為的含混性超越康德的理智的明證性，「如果批判主義解決的實質在於在認識的界限之內拒絕實存，在於在具體結構中重新找到理智涵義；如果就像我們說過的，批判主義的命運與關於知覺的這種理智主義理論聯繫在一起，那麼，在批判主義不能夠被接受的情況下，就必須重新界定先驗哲學，以便直至把實在的現象整合到其中。自然的『事物』、機體、他人的行為、我的行為只是由於它們的涵義才存在，但顯示在它們那裡的涵義並非還是一種康德式對象，構造它們的那種意向性生活並非還是一種表象，通達它們的那種『理解』並非還是一種理智活動。」（參考書目2，p.241） 我們在後面將要表明，梅洛龐蒂以身體意向性取代了康德的純粹意識的意識性。

三、身體主體與身體意向性

（一）從意識主體到身體主體

　　《行爲的結構》探討的是「行爲」，包括低級行爲和高級行爲，並不完全限於人及其身體，但爲身體問題打下了堅實的基礎。《知覺現象學》探討的是「知覺」，應該說直接涉及到人及其身體，探討的就是身體問題。從總體傾向上看，兩者是一致的，這在前面已經談到過。梅洛龐蒂的這兩個概念談的都是一個含混的領域，它既不限於單純的物質，也不限於純粹的精神，而是心理意向與身體運動交融的地方。身體如果被統一在意識中，我們回到的是康德和胡塞爾的意識構造功能，身體因此被心理化了，這顯然不是一種很好的結合方式。但身體和意識完全可以結合在身體中，這在使意識獲得實現的同時，保證了身體的生機和靈性。

　　也就是說，意識不再超然於物性之外，身體也不再

是機器。從總體上看，梅洛龐蒂是用身體來挑戰理智論的意識主體概念，但並不因此回到經驗論的物性的身體，而是物性和靈性交融的身體。「知覺著的心靈是一個肉身化的心靈。為了反對那種把知覺當作外界事物作用於我們身體的簡單結果的學說，也為了反駁那些堅持意識自主性的學說，我試圖首先去重建心靈在它的身體中和在它的世界中的根基。這些哲學，為了一種純粹的外在性或者一種純粹的內在性，都忘記了心靈在身體性中的嵌入，忘記了我們接納我們的身體、相應地接納被知覺事物的那種含混關係。」（參考書目12，pp.3-4）

　　身體於是被納入主體一邊，以便擠走純粹意識主體。這種傾向在他的《知覺現象學》中得到了集中體現，他自己說道：「在我的《知覺現象學》一書中，我們已不再出現在知覺行為的湧現中，相反，我們使我們寓居於這些行為中以便探析在主體與它的身體及其世界間的這種特殊關係。對當代的心理學和心理病理學來說，身體不再只是處於某個獨立的精神視野之內的一個在世界中的客體；而是處於主體一邊，是我們在世界上的視點，是精神藉以呈現出某種物理和歷史處境的地方。正如笛卡兒曾深刻地指出的，心靈並不只是像一個水手在船中那樣在身體之中，它整個地與身體纏繞在一起。反過來，身體也整個地被賦予了生機，它的所有功

能都有助於對客體的知覺——一種長期被看作爲純粹認識的活動。」（參考書目12，pp.4-5）

顯然，梅洛龐蒂只是否定思想獨占核心地位，卻沒有完全否定心靈作用。他主張的是兩者的統一，並因此讓身體和世界獲得生機：「思想所啓動的身體對於思想來說並不是衆對象中的一個對象，而且思想並不把所有剩餘的空間作爲暗含的前提取出來。思想依據身體而不是它自己而思考，在把它與身體統一起來的自然法則中，空間、外部距離也獲得了規定。」（參考書目5，p.53）身體和世界的生機最終取決於它們與精神的關係。當然，這裡的精神不是一種超脫的精神，它已經寓居於身體之中，「身體被賦予生機並不是由於它的各個部分的彼此配接，也不由於來自別處的精神降臨到了自動木偶之中，這依然預設本己身體沒有內部，沒有『自我』。當一種交織在視看者與可見者之間、在觸摸者和被觸摸者之間、在一隻眼睛和另一隻眼睛之間、在一隻手與另一隻手之間形成時，當感覺者與可感者之間的火花擦亮時，當這一不會停止燃燒的火著起來直至身體的如此偶然瓦解任何偶然都不足以造成的東西時，人的身體就存在了。」（參考書目5，p.21）

身心統一於是最終實現在身體中，而不是精神之中。精神、思想或者意識既然與身體、與世界聯繫在一

起，它們也就不再是超然獨立的實在或者說實體性的東
西：「一旦思想與一個身體統一在一起，它從定義上說
不可能是眞正的思想。我們可以實踐這種思想、進行這
種思想，可以說使這種思想存在，但我們絕不能從中引
出值得說成是眞實的東西。如果像伊麗莎白女王那樣，
我們想費盡力氣把思想設想成某種東西，這不過是重複
亞里斯多德和經院哲學，把思想設想成實體性的。這是
難以設想的，但它是在知性面前表述心身統一的唯一方
式。實際上，使知性與身體的混合服從於知性是荒謬
的。」（參考書目5，pp.54-55）梅洛龐蒂之所以強調身
體，顯然是爲了突出主體概念的情境或處境涵義。就像
我們在第一章強調過的，應該用「介入意識」來取代
「見證意識」。

　　他這樣寫道：「如果說主體處於情景中，如果甚至
說主體是情景的可能性而非別的什麼，這是因爲它事實
上只有作爲身體，只有借助這一身體進入世界之中，才
能夠實現其自我性。」（參考書目1，p.467）身體的突出
是對於純粹意識的克服，與此同時卻拉近了人與世界的
關係。梅洛龐蒂力圖超越機械論和活力論的對立。梅洛
龐蒂對行爲和知覺的研究回到的是行爲與環境之間的互
動關係，回到的是兩者交融的「肉身化辯證法」（參考書
目2，p.174）。在《行爲的結構》，這是第一次也是唯一一

次提到肉身化這個概念，而且是以形容詞形式出現的。它實際上要求的是回到含混的身體現象。該書多次談到「現象的身體」這個概念，他最初的意圖是用這個概念來抵制機械化傾向：「沒有任何東西迫使我們認爲……現象的身體能夠被轉化成物理系統並被整合到物理秩序之中。」（參考書目2，p.168）他旨在表明身體是有精神的、靈氣的，「現象的身體」也就是「活生生的身體」，而我們對它的知覺不是隨便一些「視感覺和觸感覺的鑲嵌」（參考書目2，p.204）。這意味著身體與意識合盟，並且成爲構造性的力量，「現象的身體以及那些使意識無法與它相區分的人類規定性將轉而成爲現象的條件。」（參考書目2，p.204）與這一身體概念相對的是「實在的身體」，即解剖學或更一般地說孤立的分析方法讓我們認識到的身體，我們在直接經驗中不會感受到的「各種器官的集合」。

　　笛卡兒告訴我們的是一個獨立於身體的我思主體，純粹意識具有核心地位，但與身體沒有任何關係。康德提出的是作爲構造者的先驗主體概念，把知覺和身體也納入到了意識的構造對象之列。身體眞正說來屬於現象的一部分，完全是意識的構造物。於是，在康德那裡，存在的就只應該有意識的意向性，並且是超視角的，不依賴於身體的。不僅如此，身體也是意識的意向性對

象。但按梅洛龐蒂的理解，康德實際上沒有能夠完全擺
脫身體。正如我們在第二章中談到的，梅洛龐蒂認為，
康德的「內感必須依賴於外感」的思想已經表達了「一
切意識都是對某物的意識」的思想。這就表明，意識不
是俯視世界的上帝，透視始終存在著，身體恰恰就是透
視的角度。

梅洛龐蒂進而克服康德的先驗指向，使得我思活動
不再與客觀的時間、空間和世界打交道，讓它紮根於現
象世界之中：「眞實的我思不能按照主體具有的生存的
思想去界定主體的生存，不能夠將世界的確定轉變成關
於世界的思想的確定，最後不能以世界涵義取代世界本
身。它相反地認識到我的思想本身是一種無可剝奪的事
實，它根除所有種類的唯心主義，發現我『存在於世』。」
（參考書目1，p.VIII）更爲明確地表述就是：「就意識而
言，我們必須不把它設想爲一種構造的意識和一種純粹
的自爲存在，而是一種知覺的意識，行爲的主體，在世
或生存。」（參考書目1，p.404）梅洛龐蒂斷然拋棄超然
的主體，他要求主體是在世的，而身體就是主體在世的
象徵，這意味著上帝的道成肉身。我們前面講過，梅洛
龐蒂借用瓦萊里的話說，畫家「提供他的身體」，表達的
也無非是這個意思。總之，在梅洛龐蒂那裡出現的是肉
身化主體或者說身體主體，而不是意識主體。

梅洛龐蒂

（二）通向身體意向性

　　針對人們一直以來都強調純粹意識奠定涵義的觀
點，梅洛龐蒂把身體看作是涵義的核心，是涵義變化的
基礎：「理智主義心理學和唯心主義哲學的力量在於它
們能容易地證明知覺和思維具有一種內在涵義，它們不
能透過偶然連結在一起的內容的外部聯合來獲得解釋。
我思就是對這種內在性的覺悟。但是，任何一種涵義由
此被設想為一種思維活動，某一純我的活動，即使理智
主義能輕而易舉地戰勝經驗主義，它也不能解釋我們的
經驗的變化，不能解釋經驗中的無涵義的東西，不能解
釋內容的偶然性。身體經驗使我們認識到某種不是由一
個有普遍構成能力的意識給予的涵義，一種依附於某些
內容的涵義。我的身體是如同一種普遍功能那樣運作的
涵義核心，與此同時，它存在著而且容易受到疾病侵
襲。」（參考書目1，p.172）也就是說，正是身體具有的
在世特徵賦予世界以涵義，或者說身體與世界的關係造
成了涵義。但是，身體畢竟不是超然的東西，而是與處
境相關的東西，所以不存在著普遍不變的抽象涵義，而
只有與生存活動相關的具體涵義。

　　我們從身體與被知覺世界的原始關係，而不是從意

識的構造性出發來理解涵義：「在對象自身中來把握對象——正像對象要求我們把握它那樣，它沒有任何被掩飾起來的東西，它被完全展現出來，當我們的目光依次掃過它們時，它的各個部分共存著，它的現在沒有取消它的過去，它的未來沒有取消它的現在。對象的狀況因此使我們超出了我們的被擠壓成了一種奇特存在的實際經驗的界限，以便使這種實際經驗不再相信能夠從自己引出它所告訴我們的一切。正是經驗的這種出神使得任何知覺都是對某種東西的知覺。」（參考書目1，pp.84-85）在胡塞爾哲學中，涵義主要指的是意指行為所意指的「種類之物」，或者說「種類的概念和命題」（參考書目52，p.76）。涵義顯然與意識的意向性相關。但梅洛龐蒂卻把它與身體行為相關聯，從而使意向性獲得了一種新的表述。也就是說，身體的透視性表明，意識的意向性首先是一種知覺意向性，也即知覺總是對某物的知覺。

　　我們的任何行為都在身體活動中體現出來，表達的都是身體意向性而非純粹意識的意向性。但身體意向性與純粹意識的意向性有著相同的形式結構，當然，梅洛龐蒂並沒有給出一個直接表述。我們從下面兩段話中或許可以看出點什麼來。首先是梅洛龐蒂在〈哲學家及其陰影〉中的一段話，他寫道：「重新將我的探索的諸環節、事物的諸方面聯繫起來，以及將兩個系列彼此聯繫

起來的意向性，既不是精神主體的連接活動，也不是對象的各種純粹聯繫，而是我作為一個肉身主體（sujet charnel）實現的從一個運動階段到另一個階段的轉換，這在原則上於我始終是可能的，因為我是這一有知覺、有運動的動物（這被稱為身體）。」（參考書目28，p.152）下面是研究者針對《知覺現象學》而做的一段表述：正常主體「經驗著一種使他們向可知覺的世界開放的身體意向性，這使他們能夠辨別可知覺世界的涵義並按照當前的要求給予它以結構。這種前反思的肉身化意向性進而使正常主體把他們投射到一個『精神』或想像的世界中，並且積極地參與文化生活。」（參考書目13，p.64）

我們概述梅洛龐蒂本人的話和朗熱的表述，可以見出，身體意向性代表的是一種全面意向性，它是由意向活動的主體（身體）、意向活動（運動機能和投射活動的展開）和意向對象（被知覺世界：客體和自然世界、他人和文化世界）構成的一個系統。當然，也存在著一個非常重要的區別，在意識的意向性中，時間性是至為重要的。我們知道，在康德那裡，最終是借助先驗時間圖式來實現知性範疇與知覺材料的結合的，也可以說內感時間最終保證了意向性結構，否則的話，知性範疇只具有先天的觀念性，而不具有經驗的實在性，意識也就成為一種抽象的、空洞的東西而不是對某物的意識。在胡

塞爾那裡，意識的內在性與內在時間意識是完全一致
的，意識的意向性結構必定暗含著時間結構，儘管他沒
有明確地談到時間圖式。梅洛龐蒂由於否定意識的先驗
性，也因此搬出身體的空間圖式來確保意向性的統一結
構，進而把表達行為（身勢或言語）、性行為等看作是這
種全面意向性的具體方面，而被知覺世界則是諸種意向
性獲得實現的「場所」。

　　朗熱指出，「有人會認為身體意向性僅僅是一種隱
喻，似乎只有思想領域有意向性——主觀性於是被宣布
完全不同於關於身體的另一領域，或者客觀性。我們因
此回到內在生活偶然地與身體聯繫在一起的傳統觀念，
即舊的心身或主客二元論。梅洛龐蒂因此必須證明思想
領域與身體的前反省經驗是一致的。要不然，他的現象
學描述直到這裡可以被認為僅僅揭示了不存在著身體—
世界二分，而不是說心與身的傳統區分是不適當的。」
（參考書目13，pp.56-57）也就是說，梅洛龐蒂必須全方
位地探討身體概念與意識的關係，或者說表明身體意向
性替代意識意向性是「合情合理的」。這意味著不能像以
往那樣認為意向性專屬於心理現象，與物理現象無緣。
而是應該在身體這一含混領域探討意向性，從而把一切
都建立在生活和生存的基礎之上。為此，梅洛龐蒂批判
了機械生理學和傳統心理學的身體觀。

　　機械生理學把身體當作物質世界的一部分，進而或從生理方面或從心理方面來說明身體現象，比如幻肢現象。梅洛龐蒂認為，不管進行生理的還是心理的解釋都是有問題的。對幻肢現象的第一種解釋是：在被截肢者那裡，如果某種刺激代替了大腿對於從殘肢到大腦的神經通道的刺激，被試就會產生幻腿。這是從生理的角度進行的解釋。梅洛龐蒂則指出，現代生理學已經表明，一方面，可卡因麻醉並不會消除幻肢，另一方面，由於大腦損傷，即使沒有被截肢，也會產生幻肢。這就說明單純從生理學上來解釋幻肢是行不通的。另一種解釋是：一種情緒，一種回想起受傷情景的情緒也能使沒有幻肢的被試產生幻肢。在這種情形中，幻肢是用疾病拒認來闡明的，這顯然是一種心理學解釋。但梅洛龐蒂指出，任何心理學解釋都不能無視切斷通向大腦的感覺傳導神經會使幻腿消失。顯然，兩種解釋都碰到了難題，於是又出現了混合兩者的努力，人們會說：「幻肢不是一種客觀因果關係的簡單結果，更不是一種我思活動。只有當我們找到了連接『心理現象』和『生理現象』、『自為』和『自在』，並使它們會合的手段時，只有當第三人稱過程和個人活動能夠被整合在它們共有的一個地方時，幻肢才可能是這兩類條件的混合。」（參考書目1，p.92）然而，梅洛龐蒂把三種解釋都給否定掉了，他

指出，「疾病失認症和幻肢不接受生理學說明，不接受心理學說明，也不接受一種混合的說明，儘管人們可以把它們與兩個系列的條件聯繫在一起。」（參考書目1，p.96）也就是說，這兩方面的因素可能都有，但關鍵是把它們放在怎樣的一個整體背景中來把握。

最終說來，只有透過在世存在現象才能說明幻肢，進而表明正常身體的特性：「身體是在世界中存在的載體，擁有一個身體，對一個有生命之物來說就是參與到一個確定的環境中，與某些計畫混合在一起並繼續介入其中。按照可支配的客體仍然在其中出現的這個完整世界的明顯事實，按照通向這個世界的、寫作和彈鋼琴的計畫仍然出現在其中的活動力量，病人確信他的完整性。但是，在他對世界隱瞞其機能不全的同時，世界不會放過向他揭示他的機能不全；因為如果我確實能夠透過世界意識到我的身體，如果處在世界中心的我的身體確實是所有客體面對的未被覺察到的那一極，那麼出於同樣的理由，我的身體確實是世界的樞紐；我知道客體有許多個面，因為我能夠圍繞客體繞一圈，在這個意義上，我透過我的身體意識到世界。當我的習慣世界去掉了我身上的習慣性意向時，如果我已經被截肢，那麼我就不能實際地參與到這個世界中，可支配的客體正是因為它們表現為可支配的，就會詢問我不再擁有的一隻

手。於是，在我的身體之整體中，那些沈默的區域就受到了限定。因此，正是由於病人無視他的殘疾，他才知道他的殘疾，正是由於他知道它，他才無視它。這個悖論就是整個在世界上存在的悖論：透過走向世界，我把我的知覺意向和我的實際意向緊壓在最終向我顯現爲先於和外在於這些意向的、只是因爲它們能夠在我身上喚起思想或願望才爲我存在的客體之中。在我們討論的例子中，知道的含混性被歸結爲我的身體有兩個不同的層次，習慣身體的層次和當前身體的層次。那些從第二個層次中消失的支配動作出現在第一個層次中。事實上，知道我爲什麼覺得我還擁有我實際上不再擁有的肢體的問題，重新回到了知道習慣身體爲什麼能夠爲當前身體提供擔保。當我不再能夠支配客體時，我爲什麼能夠把客體知覺爲可支配的？爲了成爲人人可以支配的東西，可支配者必定已經不再是我實際所支配的東西，不再是爲我的可支配者，並且成爲一種自在的可支配者。相應的，我的身體不僅應該在一種瞬間的、獨特的、充實的經驗中被把握，而且應該從一般性角度、作爲一種非個人的存在被把握。」（參考書目1，pp.97-98）

我們從這麼長的一段引文中看出的是什麼呢？梅洛龐蒂無非告訴我們，我們的任何意向性都是一種全面的身體意向性，是與生存處境密切相關的。在我們的生存

活動或行為中，不存在純粹的地理環境，我們處於行為
環境之中，一切東西都是「上手」的或「在手」的，我
們已經透過身體先期建立起一種習慣的在世存在方式。
與此同時，我們的「手」、我們的身體具有靈活性，我們
始終根據情境的變化調整我們的這種習慣的在世存在方
式。習慣代表著過去，而調整應對的是未來。於是身體
成為過去、現在和將來的交彙地，因為它把過去推進到
對未來的前瞻中，而其結合點則是現在。但被截肢者仍
然投射習慣性的處境，所以拒絕承認被截肢的事實，試
圖用缺了的腿走路。正常人能夠順利地調整我們的習
慣，所以能適應任何新的可能性。事實上，病人在建立
起一種修正的習慣性身體以後，幻肢就會逐漸消失，不
再對舊的習慣環境作出反應，而是開始適應新的環境。

　　當然，這種調整不是在一種專題意識指導下的行
為，而是隨著情景的改變而變化的非專題行為。對於正
常人而言，那些與具體生活和生存相關的行為的調整自
不待言，抽象行為的調整也毫無困難，這是因為他的身
體是全面的、靈活的，不是機械地按部就班。但對於患
者來說，情形則不一樣，面對具體情景，行為的調整沒
有問題，一旦失去具體情境，他面對的要麼只是空洞的
命令，要麼就按老辦法來應付新問題。總之，梅洛龐蒂
透過這一病理現象表明：「心理物理事件不再按照笛卡

兒主義生理學方式被設想，不再被設想成是一種自在過程和一種思維過程的接近。心靈和身體的聯合不再由外在的兩極——一個是客體，另一個是主體——之間的任意決定來確認。它每一時刻都在生存運動中獲得實現。」（參考書目1，p.105）

梅洛龐蒂接下來批評了古典心理學的身體觀。心理學從身體的恆久性、雙重感覺、情感、運動覺等角度來看待身體與客體的不同，「已經賦予它一些與對象地位不相容的『特性』。」（參考書目1，p.106）簡單地說，身體包含著許多非機械的因素，包含著動力的或活力的方面。梅洛龐蒂並不否則這些區分的價值和意義，但認為心理學把身體看作是一種心理實在是有問題的，是把身體經驗降級為身體表象，「如果古典心理學對本己身體的描述已經提供了為區分身體和客體所需要的一切，為什麼心理學家還沒有作出這種區分，或者無論如何沒有從中得出哲學結論？這是因為，運用自然方法，心理學家置身於科學指涉的客觀思維領域，自然方法以為能夠在觀察中區分與觀察者處境有關的東西和絕對客體的屬性。在有生命的主體看來，本己身體完全可以不同於所有外部客體，在心理學家的無定所的思維看來，有生命的主體的經驗也成了一個對象，根本不需要一種新的存在定義，它處在一般的存在中。這就是『心理』，人們把

它與實在對立起來，但人們也把它當作一種第二實在，
當作應當服從規律的一種科學對象。」（參考書目1，
pp.110-111）梅洛龐蒂的結論是，身體不能被還原爲身體
表象，我們應該回到實際的身體經驗：「在心理學家打
算把自己感知爲客體中的一個客體的同一時刻，他不可
能不重新發現自己是經驗，是對過去、世界和他人的無
間隔地在場……我們將和心理學一起實現重返經驗。」
（參考書目1，p.113）

(三) 身體的現象學描述

　　梅洛龐蒂對於機械生理學和經典心理學的批判分析
爲身體的現象學描述準備了道路。涉及到身體，必定首
先想到空間。因此之故，他要爲我們描述本己身體的空
間性。海德格已經表明了人和物與空間的不同關係。我
們可以說一張桌子在教室裡，教室在一幢樓裡，這幢樓
在學校裡，學校在某個城市裡，該城市屬於某個國家，
這個國家在地球上，如此等等；但我們卻不能說人或者
此在在空間裡（在世界之內），我們寓居於其中。從總體
傾向看，梅洛龐蒂與海德格是一致的，但他不用「此在」
這個表意不明的概念，而是用了身體這個衆所周知但理
解各異的概念。在他看來，身體甚至可以等同於空間，

並因此成為其他東西的參照，「身體是心靈的誕生空間，是所有其他現存空間的模子。」（參考書目5，p.54）我們不能說我們的身體像事物一樣處在某個空間區域中，我的身體不是一些各有自己的空間值的、被拼湊在一起的器官，我的身體寓居於空間中，它具有一種整體性結構。比如，我坐在花園中的一張石凳上，我的目光被遠處一朵漂亮的花所吸引，我轉動眼睛去看它的方式已經揭示了我起身並趨步向前去欣賞它的方式，我的整個身體完全圍繞這一新的任務而調整。這不是對於刺激的簡單反應，也不需要理智的思考。這是本己身體實現的某種綜合。

　　梅洛龐蒂這樣來表明身體空間對於外部空間的優先性，「我們借助我們的身體處境來把握外部空間。一個『身體或姿態的圖式』每時每刻都為我們提供關於我們的身體與諸事物之間的關係、關於我們對這些事物的把握的一種全面的、實際的、暗合的觀念。一個可能的運動或『運動投射』系統，由我們輻射到我們的周圍環境。我們的身體並不像事物那樣處在空間之中，而是寓居於或糾纏著空間。它像手使用器具一樣把自己用到空間中去，當我們想要移動身體時，我們並不像移動一個物體那樣移動它。我們無需任何工具就能魔術般地搬運它，這是因為它是我們的身體，因為我們透過它直接進入空

間。對我們來說，身體遠不止於一件用具或一種手段，它是我們在世界中的表達，是我們的意向的可見形式。即使我們最隱秘的情感活動，那些最深地維繫於體液基礎的情感活動，也有助於形成我們對事物的知覺。」（參考書目12，p.5）

在這裡，梅洛龐蒂借用了心理學家已經用到的身體圖式來表達身體的整體性結構，「在我看來，我的整個身體不是在空間並列的各個器官的組合。我在一種共有中擁有我的整個身體。我透過身體圖式得知我的每一肢體的位置，因為我的全部肢體都包含在身體圖式中。」（參考書目1，p.114）古典心理學把身體圖式看作是經驗過程中建立起來的聯想的結果，格式塔心理學則認為它是對於感覺間世界中的我的姿勢的意識，是一種代表整體先於部分的「形式」。身體圖式的心理學表述比較含混，梅洛龐蒂透過在現象學意義上予以改進，使之獲得了更為完整的闡明。在他看來，不管是傳統心理學還是格式塔心理學的觀點，強調的都是「位置的空間性」，而真正的身體圖式與「處境的空間性」相關。也就是說空間就是我們的生存領域，我們的生存視域。我們不僅不是依據客觀的位置空間性而行動，相反，我們的活動，我們的處境的空間性構成為位置的空間性的前提條件。

身體圖式不是一種先驗圖式，它是與行為或者活動

聯繫在一起的，所以身體的運動機能最能體現這種整體
圖式。梅洛龐蒂依然借助於病理現象來說明。傳統精神
病學把運動機能障礙病人列入精神性盲：他不能在閉上
眼睛的情況下做抽象運動，也就是不能做不針對實際情
境的運動，例如，根據指令運動胳膊和腿、伸開和彎曲
一根手指；他不能描繪他的身體或他的頭的位置，也不
能描繪他的肢體的被動運動；當人們觸摸他的頭、胳膊
或腿時，他不能說出他的身體上的哪個點被人觸摸；他
不能區分自己皮膚上相距八公分的兩個接觸點；他不能
分辨人們貼在他身體上的東西的大小和形狀，如此等
等。只有當人們允許他看著正在運動的肢體或允許他用
整個身體做準備運動時，他才能完成抽象運動。刺激的
定位和觸覺對象的辨認也是借助於準備運動才成為可能
的。但是，只要那些生活必需的運動對他來說是習慣
的，即使在閉上眼睛的情況下，病人也能迅速地、非常
確信地完成。比如，他的工作是製作皮包，他能夠完成
正常人產量的四分之三。「病人不能根據指令用手指指
出他自己身體的一個部分，但能迅速地用手觸摸蚊子叮
咬他的部位。因此，具體運動和觸摸運動具有優先的地
位，我們應該找出其中的原因。」（參考書目1，p.120）

　　顯然應該回到人的生存處境。正常人在根據指令做
動作時，他明白自己介入到的是某種實驗性的而非真實

的情境，所以他能自如地調動自己的身體來適應這種新
的情境：「正常人和喜劇演員不把想像的情境當作眞實
的，但他們卻把他們的眞實身體與其生活情境分離，使
它能在想像的情境中呼吸、說話、哭泣。這就是我們的
病人不能做到的事情。」（參考書目1，pp.121-122）正常
人在任何情況下都運動自如，因爲運動的意向與運動本
身直接結合在身體中。病人之所以在做抽象運動時發生
困難，則是因爲他的運動意向和運動本身是分離的，他
必須首先找到從事該動作的身體部分，找到由準備動作
引起的動作，最後把一切客觀化。一旦回到具體情境
中，比如在被蚊子叮咬的情況下，他不是根據客觀空間
中的坐標軸來確定被叮咬點的位置，而是「用他的現象
手連接到他的現象身體的某個疼痛部分」，因此在現象身
體中實現了意向與運動的結合，而不是把身體視作客觀
的仲介。施耐德面對他熟悉的剪子、針和熟悉的工作，
不需要尋找他自己的手或手指，「是因爲它們不是需要
在客觀空間裡找到的客體，不是骨骼、肌肉和神經，而
是已經被剪子和針的知覺調動起來的能力，是將他和給
定的客體聯繫在一起的『意向之線』的中段。」（參考書
目1，p.123）

　　顯然，病人施耐德在具體行爲中與正常人區別並不
大，「在具體運動中，病人既沒有對刺激的專題意識，

也沒有對反應的專題意識，他僅僅是他的身體，而他的
身體是某個世界的能力。」（參考書目1，p.124）但在做
抽象運動時。他卻受制於客觀的身體和客觀的空間，
「缺少那種特有的使我們能夠設想可能性、創造涵義並使
我們的處境具體化的『人類空間』。」（參考書目13，p.43）
也就是說，抽象運動對於他是純粹理智的觀念，當他試
圖去實現它們時，這些活動變成爲由他在客觀空間中被
理解爲一個客體的身體進行的純粹第三人稱進程。但正
常人的情形卻不是這樣，他既沒有感覺到被強制在具體
運動中，也不需要透過費勁的心理推導和盲目的物理運
動去進行抽象運動，他們始終對於抽象和想像的處境保
持開放。所以在正常的生存要求中，必須將意向與身體
運動結合起來：「在作爲第三人稱過程的運動和作爲運
動表象的思維之間，存在著由作爲運動能力的身體自己
確保的結果的某種預期或者把握，存在著一種運動計
畫、運動意向性，如果缺少了它們，指令就成了空話。
病人時而思考運動的理想形式，時而把他的身體投入到
盲目的嘗試中，相反，在正常人那裡，每一個運動既是
運動，也是運動的意識。」（參考書目1，p.128）

　　正常人的運動有其基礎。但具體運動和抽象運動的
基礎是不一樣的。具體運動以熟知的世界爲基礎，而抽
象運動的基礎則是構想出來的。也就是說，正常人的身

體具有建構（投射）能力，而病人則喪失了身體構造（投射）能力，只能被動地服從於客觀的東西，因而無法應對新情境。「抽象運動在具體運動發生在其中的充實世界中，形成了一個反思和主體性的區域，把一個虛擬的或人化的空間重疊在物理的空間上。因此，具體運動是向心的，抽象運動是離心的，前者發生在存在或現實中，後者發生在可能或非存在中，前者依附於一個已知的基礎，後者則自己展現其基礎。使抽象運動成為可能的正常功能是投射能力，透過它，一種運動主體得以在他前面設置一個自由空間，本來不存在的東西在這一空間中能呈現出存在的樣子。」（參考書目1，p.129）

　　透過投射或者建構能力，正常人在知覺與被知覺世界之間建立起一種涵義關係，「在正常人那裡，客體是會說話的和有涵義的」，這當然是一種生存涵義，而不是理智涵義，是無須專題意識地領會的涵義。但「在病人那裡，涵義要透過一種真正的解釋活動才被提供出來」，也就是說世界被對象化，涵義也因此成為理智活動的產物。所以，問題再度回到，我們與世界的關係是實際經驗到的還是客觀地建構起來的，是肉身化的還是純粹智性的。「在正常人那裡，主體的各種意向直接反映在知覺場中，它們極化它，或者用它們的花押字來標記它們或者最終在這裡無需費力就形成一種涵義波。在病人那

裡，知覺場已經喪失了這種可塑性。」（參考書目1，p.153）我們當然應該回到我們的身體意向性，應該毫無歧義地把運動機能理解為最初的意向性。但是這裡的意識不是「我想」，而是「我能」。（參考書目1，p.160）

身體空間不是一種被思想或者被表象的空間，運動不是關於某一運動的思想。不僅如此，思想和意識始終依賴於身體，「意識就是透過身體的仲介而對事物的意識。只是當身體理解了運動時，也就是說當身體把運動納入到它的『世界』中時，運動才被習得，移動身體，乃是透過身體指向事物，就是讓身體對不以表象的方式加於它的事物的吸引作出反應。因此，運動機能不是把身體送到我們最先被表象的空間點的意識的女僕。為了我們能把我們的身體移向一個客體，客體應首先為我們的身體存在，因而我們的身體應該不屬於『自在』的範疇。客體不再為運用不能症患者的胳膊存在，這就是造成肢體不能移動的原因。」（參考書目1，p.162）實際上，與意識主體的唯我論相類似，在梅洛龐蒂那裡形成了一種身體主體的唯我論，不存在客觀的事物、客觀的世界，只有為我的事物、為我的世界。這種唯我的世界意味著一種原始空間，我們依賴的正是這種原始空間而非客觀空間，「經驗揭示了在身體最終所處的客觀空間下面的一種原始空間性，客觀空間只不過是原始空間性

的外殼，原始空間性與身體的存在本身相融合。」（參考
書目1，p.173）

　　正是在原始空間中，而不是在客觀空間中，我們形
成了身體的統一性意識：「我的身體的各個部分，它的
視覺面、觸覺面和運動面不是簡單地協調一致的……所
有的身體運動透過其共同涵義受我們的支配。這就是為
什麼嬰兒在最初的抓握的嘗試中，不去注視自己的手而
是注視著客體的原因。」（參考書目1，p.174）身體的原
始空間性表明的是身體的全面意向性或整體結構，這種
整體結構在性行為中、在表達行為中同樣明顯地表現出
來。我們在下面一章會涉及到身體與表達問題，我們在
這裡只需簡單地提一下性愛要表達的這種全面身體意向
性涵義。按照梅洛龐蒂的看法，透過一個身心交融的身
體與另一個身心交融身體之間的主奴辯證法，我們發現
性欲和愛情既不能歸結為表象問題，也不能用反射來解
釋，簡單地將兩者混合也是有問題的，我們最終發現的
是一種全面的意向性，一種未分化的原始意向性，「我
們重新發現了作為一種原始意向性的性生活，以及知
覺、運動機能和表象的生命根源。」（參考書目1，p.184）

　　身體不是像事物那樣處於空間之中，它寓居於空間
中，寓居於世界中，並對其中的事物有所作為，「身體
不停地維持可見景象的活力，內在地賦予它以生命、供

給它以養料，與之一起形成一個系統。」（參考書目1，p.235）正是身體的統一使我意識到房間的統一，意識到周圍環境的統一。也就是說，肉身化主體不是像純粹意識那樣鳥瞰世界，而是能從不同角度來看，於是客體的統一不是在思想中形成，而是被經驗為我的身體的統一的關聯物。最終是由肉身主體來確定方位和空間的，「在空間本身中，以及在沒有一個心理－物理主體在場的情況下，並不存在方位，並沒有裡面，並沒有外面。」（參考書目1，p.236）人們會說自我意識與對象意識是同一活動的兩個方面，我不可能不意識到我對某物的意識。同樣，在梅洛龐蒂那裡，「外部知覺和本己身體的知覺是一起變化的，因為它們是同一活動的兩個方面。」（參考書目1，p.237），所以「客體的綜合是透過本己身體的綜合實現的，客體的綜合是本己身體的綜合的複製品和關聯物。」（參考書目1，p.237）這就從另一個角度表明身體與被知覺世界的不可分割的關係。

梅洛龐蒂從身體觀的轉變開始，進而發現了新的世界觀，而新的世界觀又強化了新的身體觀：「我們重新學會了感覺我們的身體，我們已經在關於身體的客觀而疏遠的知識下面重新找到了我們關於身體的另一種知識，因為身體始終伴隨我們，而且我們就是身體。應該用同樣的方式喚起向我們呈現的世界的經驗，因為我們

透過我們的身體在世界上存在，因爲我們用我們的身體
知覺世界。但是，當我們在以這種方式重新與身體和世
界建立聯繫時，我們將重新發現的也會是我們自己，因
爲如果我們用我們的身體知覺，那麼身體就是一個自然
的我和知覺主體。」（參考書目1，p.239）這種肉身化意
味著我與他人、與人類世界處於某種關係中，意味著孤
獨自我是不可能的，「爲了他人不成其爲一個空泛之
詞，我的生存永遠不應該被還原爲我具有的生存意識，
它也包含著人們可以擁有的生存意識，因此包含著我在
自然中的肉身化，至少包含著一種歷史處境的可能性。
我思應該在處境中發現我，只是由於這一唯一條件，先
驗主體性才如同胡塞爾所說的能夠是一種主體間性。」
（參考書目1，p.VII）這乃是我們在隨後兩章將會具體涉
及到的問題。

第四章
超越表象與詩意：
語言─表達之維

梅洛龐蒂在《知覺現象學》花了一定的篇幅探討表達與言語問題（主要見於「作爲表達與言語的身體」一章，在「我思」一章中也有所涉及）；他於1951年在布魯塞爾現象學國際討論會上做了題爲「語言現象學」的學術報告（先後收入《符號》和《哲學贊詞及其他論文》中），發掘胡塞爾的語言現象學思想並且開始專題性地思考語言現象學問題；他準備寫一本名爲《世界的散文導論》的語言哲學專著，但不知何故放棄了，所留遺稿於1969年經勒福爾（Lefort）整理，以《世界的散文》爲題出版（其中的一部分，即〈間接語言〉以〈間接語言與沈默的聲音〉爲題在雜誌上發表，後被收入《符號》這一論文集中）。其他有關文學藝術問題的作品，如〈塞尚的疑惑〉、〈小說與形而上學〉（這兩篇文章均收入論文集《意義與無意義》中）和《眼與心》也是研究梅洛龐蒂語言哲學的重要資料，因爲科學、文學、藝術等各種表達方式均是哲學思考的對象。

梅洛龐蒂這樣來說明其擬定的《世界的散文導論》一書的主旨：「在文學領域更容易證明：語言並非是在完全清楚明白中自我擁有的思想的一件樸素的外衣⋯⋯在作家那裡，思想並不從外面主宰語言：作家自身就像一種新的方言，它自己形成，自己發明表達手段並且按照它特有的意義產生變化。我們稱爲詩歌的東西或許不

過是炫耀地肯定了這種自主的那一部分文學。全部偉大
的散文（grand prose）同樣是對意指工具的一種再創造，
自此以後這種工具將按照一種新的句法被運用。平庸的
散文（le prosaïque）局限於借助習慣性的符號來探討已
經置入到文化中的涵義。偉大的散文乃是獲取一種到現
在爲止尚未被客觀化的意義、並使它能爲說同一語言的
所有的人理解的藝術。」（參考書目12，p.9）

　　這段引文乃是梅洛龐蒂語言理論的完整概括。它立
足於文學領域的思考，回應的是沙特的「介入文學」主
張。詩歌是完全自主自足的，它是具有自身密度的王
國；平庸的散文是被動寫實的，它是沒有任何自身價值
的透明工具；而偉大的散文介於兩者之間，既擺脫了語
言的完全被動性、單純工具性，也克服了詩歌語言的不
及物性、無根性。梅洛龐蒂力圖超越形式主義與現實主
義的二元對立，在身體經驗基礎上提出自己的語言哲
學，爲我們構思了一篇關於「我們與世界、我們與他人
之間關係」的含混的詩學。

　　我們應該完整地揭示梅洛龐蒂的語言現象學的基本
內容及其歷史地位。他有關語言問題的哲學思考不僅在
現象學運動中而且在整個語言學轉向中都具有其價值。
這種語言哲學的出發點是身體經驗，但它並不只是把語
言看作爲生存現象的一個方面，而是從知覺與被知覺世

界，尤其是文化世界的關係角度，從文化的傳承與創新
的角度來進行探討。這一探討表現爲生存現象描述與形
式結構分析的過渡環節。在本章中，我們先是在二十世
紀法國哲學及其必要的德國思想源泉限度內，簡明地勾
勒語言問題的大體背景，繼而展開對梅洛龐蒂語言現象
學的評介。

一、 現代哲學與語言學轉向

　　我們應當首先確定梅洛龐蒂語言哲學的理論背景。
我們知道，近代哲學中似乎不存在著語言問題。這當然
不是說哲學家們完全置語言問題於不顧，而是說在他們
的哲學體系中，語言問題幾乎沒有任何地位。包括梅洛
龐蒂始終的批判矛頭——笛卡兒哲學在內，近代哲學從
總體上看是意識哲學，意識、語言、表象在其中是三位
一體的。在這種類型的哲學中，由於觀念的秩序與事物
秩序的一致性，語言沒有自己獨立的存在向度，它實現
的只是充分的表象功能。按照傅柯的說法，在古典時
期，「語詞獲得了『表象思想』的任務和能力」，但這裡

的「表象」「必須在嚴格的意義上理解：語言表象思想，就像思想表象它自身一樣。」（參考書目19，p.92）語言被看作是一種符合普遍理性法則的絕對透明的工具，它「不是思想的外部效果，而是思想本身」（參考書目19，p.93）。

因此之故，理性主體、意識主體消融了說話主體，我們聽到的只有理性之聲，歷史、文化、虛構和創造的向度被拋在一邊。從語言學角度看，所謂的古典語言研究實際上就是制定一些語法規則，制定一些組合和分解觀念的法則。其典型形式是波爾·洛瓦雅爾派（代表人物是安托尼·阿爾諾[Antoine Arnauld]和克洛德·朗斯洛[Claude Lancelot]）的「普遍唯理語法」（La Grammaire générale et raisonnée），一種笛卡兒主義語法。一切語言似乎都是符合「普遍語法」的「哲學語言」、「觀念語言」，「說話，也即使用人類為之所發明的符號來解釋自己的思想。」（參考書目58，p.1）然而，自康德提出本體與現象二分以來，表象的式微導致了統一的理想語言的解體和分化，也就導致了說話主體從意識主體中分化出來。

按照傅柯的分析，語言的分化主要表現在：首先，語言可以繼續充當表象的工具，但越來越沿著形式化方向發展，其明顯的表現是在數理學科中；其次，語言越

來越與闡釋性的學科相關，具有一種批判價值、具有某
種歷史的沈澱，它導致闡釋技巧在十九世紀的復興；第
三，最重要也最沒有料到的是文學（文學本身）的出
現，這是一種不及物文學，關注的只是語言自身或寫作
技巧（參考書目19，pp.309-313）。理想的哲學語言凍結
了時間，造成的是無邊的秩序和超然旁觀的主體，語言
的分化則引入了時間和歷史，這實際上意味著主體的多
樣性。主體既有其觀念、理性的向度（意識主體），也有
其文化、歷史的向度（歷史的載體），還有虛構和創造的
向度（文化傳承的工具）。人因此表現為意識和潛意識的
統一，但潛意識向度越來越占據核心地位，說話主體代
表的正是人的潛意識之維。按照康德的思想，語言的表
象功能局限於現象世界，而對於本體世界不再能夠借助
理性語言來表象，或者也可以說本體成為不可說的。所
以，後來的哲學進行了各種各樣的嘗試，有些人試圖回
歸日常語言，有些著力發掘詩意的語言、藝術的語言，
有些則構思完全人工的語言。

　　一般認為，二十世紀哲學中出現了語言學轉向，這
在分析哲學中一開始就是不言而喻的，邏輯語言分析和
人工語言理想是其最初的表現，後來則出現了日常語言
哲學。在結構分析傳統中也很容易看出來，結構主義始
於用索緒爾的結構語言學模式來分析社會文化現象的結

構與涵義，而後結構主義則立足於一種後索緒爾主義主
張，透過邏各斯中心論的解構、透過一種泛語言的互文
性主張來瓦解社會文化現象的固定結構和不變涵義。但
現象學中的語言學轉向卻沒有那麼直接和明顯，它並非
一開始就以語言爲突破口，它在相當長的時間內圍繞著
主體問題做文章，關注的或是先驗主體或是經驗主體的
命運。只是在後來，伴隨著從先驗王國回到生活世界的
要求，語言問題才成爲與人的歷史、文化、交往、主體
間性相關的課題出現，先是一些零星的思考，繼而出現
了所謂的哲學解釋學。雖然如此，這並不意味著語言在
現象學運動的早期不重要，只是沒有獨立地位而已。所
以，我們還是應該認真清理語言問題對於整個現象學運
動的價值與意義，不能把哲學解釋學看作是在真空中出
現的。

　　在二十世紀法國哲學中，先是柏格森主義一統天
下，接下來是現象學運動的廣泛推進，然後就是結構─
後結構主義的日益強盛。當然，我們不能簡單地把它們
說成是三個前後相繼、一個取代另一個的運動。根本就
不存在一個簡單地取代另一個的問題，在柏格森主義和
現象學運動之間，在現象學運動與結構主義運動之間，
始終有著一段時間的共存，原先的強勢轉爲弱勢，原先
的弱勢轉爲強勢，但各有其生存空間的局面。梅洛龐蒂

哲學面對的是三個流派間的複雜關係，就其關於語言問
題的哲學思考，則與法國結構主義運動幾乎同時萌生。
當此之時，胡塞爾的先驗還原理想已經被放棄，沙特和
他本人都在生存和身體等名義下關注生活世界，或者說
接受的主要是海德格那一套。雖說法國現象學運動處於
鼎盛時期，但面臨著眾多的新問題，語言問題就是其中
之一。結構主義開始積蓄力量，試圖以語言問題為突破
口，現象學在維護已有地盤的同時，必須進一步拓展自
己的空間。梅洛龐蒂正是在這樣的背景下意識到了問題
的嚴重性，因此著手思考語言問題，從而對差不多同時
在歐洲占據思想舞台的哲學解釋學和結構主義都產生了
一定的影響。

　　梅洛龐蒂語言觀接受了來自於胡塞爾和海德格的影
響，同時又受到了索緒爾的結構語言學的影響。研究者
們都在竭力發掘胡塞爾哲學的語言學向度。哈伯瑪斯在
其《後形而上學思想》中談到「從意識哲學向語言哲學
的範式轉換」時，認為「胡塞爾的涵義理論和形式語義
學之間也建立起了聯繫」（參考書目43，p.7）。德希達的
《聲音與現象》的副標題是「胡塞爾現象學中的符號問題
導論」，似乎表明了與哈伯瑪斯同樣的意思。的確，從其
《邏輯研究》、《觀念一》、《形式的與先驗的邏輯》及
《論幾何學的起源》中可以找到許多對後來的語言理論提

供啟迪的觀點和看法。但是，胡塞爾畢竟把其關注的重點放在了純粹邏輯方面，因此沒有建立起眞正意義上的語言現象學。正因爲此，德希達認爲自己的工作不是對胡塞爾的先驗現象學的語言學或符號學，而是對其「前語言學或前符號學的公理進行解構」（參考書目57，p.164）。

海德格從此在的生存出發探討存在問題，儘管《存在與時間》涉及到解釋、說明、陳述、言語、語言諸概念，但基本上也還停留在前語言哲學階段。他在這一階段並沒有意識到語言問題的意義和地位，語言還只是「在世」的整體結構的一個環節，實現語言學轉向或者說高達瑪從中開展出哲學解釋學當屬後來的事情。沙特理應把胡塞爾的語言理論發揚光大，但其《存在與虛無》只是在涉及與他人的具體關係時才稍帶提到語言，幾乎沒有爲它提供任何位置。而他的《什麼是文學》更多地談到的是介入的思想，雖說不無語言思考，但畢竟不是關鍵之所在。在李克爾的解釋學實現法國人本主義傳統中的眞正語言學轉向之前，僅有梅洛龐蒂對於語言問題進行過自覺的思考。

在法國現象學傳統中，李克爾無疑最爲關注語言哲學，我們知道他以文本解釋學著稱，其思想同樣受到了現象學和結構語言學雙重影響。我們不妨借助他來引出

梅洛龐蒂的語言現象學。李克爾的哲學實際上有一個演進過程，最初探討的是意志問題，隨後探討有限或者惡的問題，最後進入嚴格意義上的解釋學階段。按照他自己的說法，關於意志和有限的哲學都屬於生存現象學範圍，但是，它們所面臨的問題截然不同。意志哲學的探討「並沒有提出任何特別的語言問題，因爲直接語言被認爲是有效的。」（參考書目17，p.86）問題在於，我們不能用直接語言，而只能「用諸如疏遠、犯錯誤、負擔和束縛等隱喻談論罪惡。」於是，李克爾「不得不用解釋學談論壞的意志或者惡，這是語言問題出現在某種哲學中的最初方式。」雖說如此，他還是表示，「它最初並不是一種語言哲學，而是一種意志哲學。」（參考書目17，p.87）

這是李克爾在1961年發表《墮落的人與惡的象徵》時面對的情形，事實上也是探討其他生存經驗的現象學同行的情形：「我附帶地注意到現象學在那個時候已經透過它的行動哲學著手解決那些現在處於語言分析哲學前沿的問題。但是，它既然是現象學，那它就是生存現象學，其根本的結構包含的是承認肉身化、本己的身體這一中心難題。無論如何，不管在最初的嘗試中現象學與存在主義的關係如何，這種哲學探討並沒有提出任何特別的語言問題，因爲直接語言被認爲是有效的。」（參

考書目17，p.87）我們由此可以推出，在李克爾眼裡，直至1961年之前，語言問題都沒有成爲哲學的主要問題，至少在現象學運動中如此。此言大致不差，因爲高達瑪是在1960年發表其《眞理與方法》的，與李克爾的說法沒有太大的出入。李克爾在意志哲學的框架內引入語言問題，這與海德格在生存─存在論框架內引入語言問題並無二致。這同時也表明，他當時還沒有注意到海德格哲學的新進展。

　李克爾本人只是在結構主義強勢已成的情況下才「被迫」把自己的興趣從最初的意志結構問題轉向了語言問題本身，把象徵解釋學發展爲文本解釋學。我們無意探討李克爾本人的語言學立場與觀點，我們只是希望勾勒梅洛龐蒂有關語言問題之思考的背景。我們從李克爾的上述表白中可以間接地看到有關梅洛龐蒂的證據，看出兩條重要資訊。首先，關注語言問題不是結構主義的專利，現象學家們儘管以生存、身體等問題爲中心，但以行動哲學的方式涉及到了語言問題，這爲我們理解梅洛龐蒂語言哲學提供了語境或者說參照系；其次，李克爾提到的是1961年他的作品發表時的情形，如果說構思的話，可能要提前一些，但畢竟把現象學傳統關心語言問題的時間推遲了，他沒有承認梅洛龐蒂很早就已經開始的對語言問題的有意識的獨立思考。

　　我們講過，梅洛龐蒂於1945年發表的《知覺現象學》已經談到語言問題。的確，書中的思想有些類同於海德格的《存在與時間》、李克爾的《墮落的人與惡的象徵》中的情形，屬於生存現象學的一部分。但在隨後的工作中，他開始了語言問題的專題性思考和研究。早在1951年布魯塞爾國際現象學討論會上，他就作了〈論語言現象學〉的長篇學術報告，於1952年6、7月份又在《現代》雜誌上發表了〈間接語言與沈默的聲音〉這一長篇論文，而該文不過是由未完成的手稿《世界的散文導論》中的一篇經過較大幅度地改寫而成。梅洛龐蒂在有關論證中多次轉述索緒爾關於語言與言語、語言的整體性、語言的差異性等觀點，甚至認為他「在自己不知道的情況下已經踏上了現象學的領地」（參考書目28，p.72）。並表示，儘管胡塞爾沒有談及這一點，但是，「當他要求人們從語言─客體（langue-objet）回到言語時，不想到索緒爾是很難的。」（參考書目28，p.72）

　　據考證，《世界的散文導論》的「中斷是在1951年秋天發生的，或最遲發生在1951至1952年的那個冬天的開始。」（參考書目7，p.Ⅵ）雖然確定何時開始寫作這本書比較困難，「但可以肯定的是，他很早就有了寫一部論語言，更確切地說論文學的書的想法。」（參考書目7，p.Ⅶ）梅洛龐蒂往往同時考慮言語表達和沈默（繪畫）

表達等形式，就此而言，我們可以在他於1945年發表的
〈塞尚的疑惑〉中探源，而其構思顯然還要早一些。在
《知覺現象學》中，更多地探討的是語言與身體經驗的關
係，在〈論語言現象學〉和《世界的散文》中，儘管基
本的傾向沒有改變，仍然把身體經驗作為語言問題的基
礎、甚至實質，但強調的重點明顯地轉向語言本身，而
非直接從身體經驗出發。因此，否認梅洛龐蒂對於語言
問題的有意識思考是不公允的。

　　傅柯或許可以為我們提供更為有益的線索，他明確
地肯定了梅洛龐蒂對於語言哲學的貢獻。他把法國哲學
在六○年代的轉折或演進看作是兩種哲學傾向爭奪與馬
克思主義的聯姻權，「人們最初嘗試讓馬克思主義與現
象學聯姻。隨後，當結構思想和結構方法的一整套形式
開始被提出時，人們又打算用結構主義代替現象學與馬
克思主義配對。」（參考書目20，p.434）這就形成了從現
象學向結構主義的過渡。按照傅柯的看法，語言問題是
這一過渡的契機，而梅洛龐蒂在這一過渡中具有重要作
用：「我認為，這裡包含著一個相當重要的環節，即梅
洛龐蒂遇到了語言問題。而您知道，梅洛龐蒂最後的努
力都投入到這上面了。我還完全清楚地記得梅洛龐蒂開
始談論索緒爾的那些課程，當時，索緒爾已經死了約五
十年，他完全被忽視了──我不是指被法國的語文學者

和語言學家所忽視，而是被有教養的公眾所忽視。此後，語言的難題就暴露出來了，人們發現現象學不能夠像結構分析那樣說明可以由語言類型的結構產生出來的那些涵義的效果，現象學意義上的主體不能作爲涵義的賦予者參與到結構中去。因此，現象學配偶由於不能夠談論語言而被認爲喪失了資格，結構主義便成了新的配偶。」（參考書目20，p.434）這足以表明，梅洛龐蒂在語言學轉向中具有的舉足輕重的地位。他從胡塞爾那裡尋找原始的資源，同時又借助索緒爾的理論來建立自己的語言哲學。

我們通常把李維斯陀的《野性的思維》的發表（1962）看作是結構主義取代存在主義而確立自身主導地位的標誌，但我們不應該被這一標誌所迷惑。事實上，李維斯陀早已經發表了他的代表性著作《親屬關係的基本結構》（1949）和《結構人類學》（1958）。一個敏銳的哲學家不會不注意到這些學術動態，事實上梅洛龐蒂與李維斯陀一向有交往和交流，後者在《野性的思維》中說，「我們兩人之間的相互討論始於1930年」。作者在扉頁上寫有「謹以此書紀念摩里斯·梅洛龐蒂」，並在前言中解釋說：「近年來，某些接近梅洛龐蒂和我本人的人不難瞭解，我將本書奉獻給他原來是很自然的事，這本書是根據我在法蘭西學院的一些講稿隨意擴充而成的。

如果他還在世，這本書無論如何會是我們兩人之間繼續
討論的成果。」（參考書目32，p.2）李維斯陀把矛頭直指
沙特，同時卻對梅洛龐蒂心存敬意，這並非出於偶然。
梅洛龐蒂正是由於開闊的視野和開放的心態，使其在結
構分析方法和現象學描述方法之間遊刃有餘，從而不僅
在現象學中代表著語言學轉向，而且對於結構主義運動
也有重要意義。

　　在法國結構—後結構主義傳統中，語言學轉向源於
法國學術界借助索緒爾的結構語言學模式建立符號學體
系並且靜態地分析社會文化現象的結構。結構主義的核
心就在於建立一種科學的、客觀的人文科學敘事學，從
而拒絕考慮語言與人的實際處境的關聯。用哈伯瑪斯的
話來說，這種語言結構分析「陷入了抽象的錯誤推理。
由於結構主義把普遍的語言形式提高到先驗的地位，因
此，它也就把主體及其言語降低為純粹偶然的東西。主
體如何言說及其所作所為，應當由基本的規則系統加以
解釋。」（參考書目43，p.55）也就是說，它把活生生的
言語還原為受制於規則的制度性的語言，考慮的是形式
語義學而不是語用學。看起來結構主義在否認先驗主體
的同時，傾向於胡塞爾《邏輯研究》中對於語言的先驗
規定。但梅洛龐蒂恰恰是從胡塞爾後期出發的，由於關
注活的言語而否定了形式語義學傾向。梅洛龐蒂也關注

語言在社會文化現象中的意義，同樣重視語言和言語的區分，不過關注的重點顯然不同於結構主義者。當然，否定先驗主體或者純粹意識，可以說是他們的共同之處：梅洛龐蒂從人的在世存在的處境性角度，結構主義從人是語言（社會、文化和歷史）的產物的角度，分別突破了意識哲學。

後結構主義學者傅柯把語言（陳述）看作類似於物質性的東西，它同其他物質產品一樣是可以流通、改造和變化的，「是人們生產、操縱、利用、改造、交流、組合、分解和重組，最終摧毀」（參考書目21，p.138）的全部對象中的一種，正因為此，語言完全喪失了它的與純粹意識聯繫在一起的透明性，意識主體也因此讓位於由時間、歷史等處境性因素制約著的說話主體。德希達和羅蘭·巴特（R. Bartes）的後結構主義強調語言的通貨膨脹，沈湎於語言遊戲，在追求意義的播撒和不確定的同時，使我們見到了所謂的「愉悅的」主體。語言與身體結合起來，導致的是一個用身體說話而不是心靈說話的主體。梅洛龐蒂把言語等同於身體經驗，同樣表達的是語言與純粹意識或者意識主體的分離。梅洛龐蒂明確否定胡塞爾早期由於關注「純粹邏輯語法」而單純追求明證性的傾向，認同他後期對於活的言語的關注。梅洛龐蒂實際上是在他自己關於身體的理論的基礎上，用胡

塞爾後期的思考來突破胡塞爾早期的以及索緒爾的理想
語言取向。後結構主義同樣突破了理想語言的取向。所
以梅洛龐蒂從早期胡塞爾到晚期胡塞爾、從胡塞爾到他
本人的過渡無疑類似於從結構主義到後結構主義的過
渡。當然，後面一種過渡更爲徹底一些，而梅洛龐蒂始
終保持某種含混姿態。

二、言語表達源於身體經驗

　　李克爾試圖借助於把客觀解釋和主觀體用相結合的
方式，以便把結構的態度融入到解釋學之內（參考書目
17，p.90）。他對結構主義的回應無非是一種調和。就主
張把主觀和客觀統一起來而言，梅洛龐蒂如下的話顯然
與李克爾有一致性：「現象學的最重要的獲得無疑是在
它的世界或合理性觀念中將主觀主義的一極與客觀主義
的一極結合起來。」（參考書目1，p.XV）但是，梅洛龐
蒂把主客統一看作是現象學本有的東西，而非調和現象
學與結構論的結果。透過突出知覺的優先性，梅洛龐蒂
哲學確立了身體的核心地位。但是，正如我們已經講到

的，這裡的身體不再是與心靈相對的另一極，它既非單純的主體，也非單純的客體，而是兩者的統一，這就是說肉身化主體或主體的肉身化所要表明的東西。身體是一個超越物性和靈性的含混的第三向度。這一點非常重要，這導致了梅洛龐蒂整個哲學的含混性，其關於語言的理論也建立在含混性的基礎之上。

在《知覺現象學》中，語言問題就是所謂的表達問題，語言隸屬於「在世界之中」結構，因此與身體、與肉身化主體聯繫在一起，與生存經驗密不可分。按照梅洛龐蒂的看法，胡塞爾並不像讓‧華爾所說的那樣把本質與存在相分離，相反，本質與經驗保持著生動的關係。他一方面表示，與存在相分離的本質是語言的本質，使本質在分離中存在是語言的功能。在另一方面又說，這種分離不過是表面現象，「因為透過語言，這些本質仍然停息在意識的前述謂生命之中。」（參考書目1，p.X）顯然，語言並不是某種外來的、阻隔我們與事物的直接關係的力量，相反它把我們帶入到與事物的直接關係之中。他強調，「尋找世界的本質不是尋找其在觀念中之所是，當我們將它還原為話語主題時，這乃是尋找在所有專題化前它事實上於我們之所是。」（參考書目1，p.X）他批判語言問題上的唯心主義主張，感覺論的唯心主義把世界還原為我們自身的各種狀態，先驗唯

心主義把世界還原爲思想或意識，兩者都否定了我們與
世界的活生生的關係，或者說沒有注意到身體意向性。

　　按照梅洛龐蒂的看法，一切表達的基礎是知覺，而
知覺本身已經是一種原始的表達，「任何知覺，任何以
知覺爲前提的行動，簡而言之我們的身體的任何使用就
已經是原始的表達。也就是說，知覺不是用符號的涵義
和使用規則來代替在別處給定的符號中的被表達者的第
二位的和派生的工作，而是首先把符號構成爲符號的活
動；知覺不是以某種預先的約定爲條件，而是以符號的
本身排列和它們的外形的說服力使被表達的東西寓居於
符號之中；知覺把一種涵義置入到不具有涵義的東西之
中，它於是遠遠沒有被耗盡在它所誕生的那一時刻中，
相反，它開放了一個領域，開啓了一種秩序，確立了一
種制度或一種傳統。」（參考書目1，pp.110-111）在《世
界的散文》中，他則這樣寫道：「涵義從其開始的環節
就被知覺的明證所呼喚，它延續知覺的明證，但並不被
還原爲知覺的明證。」（參考書目7，p.175）在梅洛龐蒂
看來，我的身體是表達現象的場所，或毋寧說是表達現
象的現實性本身。在這裡，各種感覺相互蘊涵，或者說
形成一種聯覺，它們共同構成爲原初的表達，它們的表
達價值確認了被感知世界的前述謂的統一，並透過這種
統一確立了言語表達和理智涵義。

　　顯然，身體經驗是更爲原始的結構，口頭語言不具有對於身體姿態的優先地位，文字之類的符號更是後來的，只有派生的地位。簡而言之，「正是身體在表現，正是身體在說話。」（參考書目1，p.230）「我的身體是我的『理解』的一般工具。」（參考書目1，p.272）身體之所以能夠表達，而且是一種更原始的表達，就在於它與世界的某種原始關聯，「透過它的『感覺場』及其整體結構，身體可以說注定要讓自己模仿世界的種種自然外觀；但作爲一個具有姿態、表情，最後還有語言的活的身體，它又能夠返回世界去意指世界。」（參考書目12，p.7）我們的身體活動始終是一種與對象的互動過程，所以意指行爲既不是對實在的一種被動描寫，也不是一種主動的涵義構造，而是一種交流：「因爲身體有行爲，所以身體是這種奇特的物體，它把自己的各個部分當作世界的一般象徵來使用，我們因此能夠以這種方式與這個世界『打交道』，『理解』這個世界，並爲這個世界找到一種涵義。」（參考書目1，pp.273-274）

　　非常明顯的是，語言問題與意識分析或者說表象分析產生了斷裂。思想不是有待於語言去表達，語言表達也不是思想的透明的工具。思想體現在言語行爲中，體現在說話者的活動中。如果把語言理解爲單純的工具，事實性的存在，就否定了說話者：「言語以第三人稱形

式處在一種現象通路中，不存在說話者，存在的只有語詞的流動，語詞不受說話意向支配地自我產生。語詞的涵義被認為是伴隨刺激或伴隨進行命名的意識狀態給出的，語詞的有聲和發音形態是伴隨大腦或者心理痕跡一起給出的，言語不是一種活動，它不表現主體的內在可能性：人能夠說話，就像電燈能夠發光。」（參考書目1，pp.203-204）這裡既針對著理智論的普遍唯理語言構造論，又針對著各種機械的思維模式。普遍規則消融了說話者，沒有從人的具體處境出發來思考語言，而機械的思維模式把語言看作是一種自然的刺激反應現象。

梅洛龐蒂表示，我們應該相對涵義而談語言，正像波娃相對精神而言身體一樣：它既不是原初的，也不是派生的。在愛情中，身體並不是精神的工具，它既不是目的，也不是手段，我們就是身體。同樣，語言本身不服務於涵義，不主宰涵義，在語言和涵義之間既不存在從屬，也不存在派生性的區分。在此既沒有誰命令，也沒有誰服從。他認為，在說話或寫作中，「我們並不指稱某種在我們面前的、區別於整個言語的、需要我們去說出的事物。我們必須說出的東西不過是我們所體驗到的東西對於已經被說出來的東西的超出部分。」（參考書目7，p.158）我們不應該說目的規定了手段，目的是日常手段的整體涵義，而手段是這一涵義的暫時的形象。身

體是靈化的而非心靈的單純載體，同樣，語言是有涵義
的而非涵義的單純載體。也就是說，不存在著有待於我
們去表達的靜態的客觀涵義，涵義源於我們的在世行為
或者活動。

　　命名對象實際上就是使對象存在或者改變它：上帝
透過命名存在者而創造它們，巫術透過說出存在者而作
用於它們。語詞遠不是對象和涵義的簡單符號，它寓於
對象之中並且傳遞著涵義。在說話者那裡，言語並不表
達已經發生的思想，而是實現這種思想（參考書目1，
p.207）。同時，我們必須承認聽者接受了由言語本身而來
的思想，原因在於，言語意味著一種行為，而不是單純
的工具：「在此語詞的涵義必定最終是由語詞本身引入
的，更準確地說，它們的概念涵義是透過提取內在於言
語的姿勢涵義而形成的。」（參考書目1，pp.208-209）我
們不能脫離聽者或者說者的生存處境來探討言語與涵義
的關係，思想總是存在於言語之中。比如說，演說者不
在演說之前，甚至不在演說過程中進行思維，他的言語
就是他的思想，如果排除了他的言語，我們很難說還有
什麼思想。同樣，聽眾也不就符號進行拷問，進而獲取
思想，他直接把符號與思想綁在一起。

　　按照梅洛龐蒂的觀點，我訴諸語詞，就像訴諸我的
身體部位，我表達思想就是行使一種身勢，這就如同藝

術家創作他的藝術作品一樣。所以語詞不是「思想的堡壘」，思想也不會尋求表達。有人會問：「如果語言不表達思想，那麼它表達什麼？」梅洛龐蒂問答說：「它表達主體在其涵義世界中採取的立場，或毋寧說，語言就是採取立場本身。」（參考書目1，p.225）我們必須在言語的概念涵義之下發現生存涵義，而這種生存涵義並不僅僅被言語所表達，它寓居於言語之中且與之不可分離。嚴格說言語活動就是生存活動的一部分。所以，語詞與它引起的態度並沒有什麼不同，我們就像對一個人那樣對語詞產生行為，「這些語詞一被給出，行為隨即產生。」（參考書目1，p.272）在這裡我們似乎看到日常語言哲學的某種傾向，關注的是以言行事。

涵義最終與人的行動相關，或者說與我們的在世存在相關，源於我們的生存態度。我們的一切行為，不管表現為言語還是身勢，都具有可以領會的涵義：「任何話語，任何人類姿態，不管是習慣性的還是漫不經心的，都不會不具有涵義。」（參考書目1，p.XIV）比如面對某件事情，有人保持沈默，有人說了些陳詞濫調。不管是沈默無語還是言不由衷，都不可能不具有其涵義，因為這兩種情形都並非出於偶然，它表達了某種漠不關心，因此仍然是就處境採取某種立場：「因為我們是在世的，所以我們注定處於涵義中，我們不能夠做或說任

何不在歷史中獲得一個名稱的事情。」（參考書目1，
pp.XIV-XV）這意味著梅洛龐蒂把語言與我們的處境和立
場聯繫起來。但這種立場不是透過一些斷言實現的，而
是某些前科學的、前邏輯的領會。

　　通常認為，身勢是自然符號，而言語是約定符號。
梅洛龐蒂否定這種區分，他把言語看作是一種真實的身
勢，它包含著其涵義，就像其他身勢包含著自己的涵義
一樣。我不是與表象或一種思想進行交流，而是與說話
者、與某種生存方式、與說話者指向的世界進行交流：
「言語是一種身勢，而言語的涵義是一個世界。」（參考
書目1，p.214）言語是一種身體行為，是身體姿勢的一
種，身體與世界密切相關，是在世存在的關鍵，因此言
語與涵義的關係，不過就是身體與世界的關係，表現為
在世存在的方式。由此出發，交流不是認知或者概念層
次上的，「如果身勢的涵義是作為一個對象呈現給我
的，那麼我不理解為什麼在大部分時間裡我對身勢的理
解僅限於人的身勢。我不『理解』狗的性姿勢表達，更
不用說理解金龜子或螳螂的性姿勢表達。我甚至不理解
原始人的或和我的環境相去甚遠的環境中的情緒表達。」
（參考書目1，p.215）這表明我們的親身經歷或者設身處
地的重要性，交流事實意味著身體間性：「身勢的溝通
或理解是透過我的意向和他人的身勢、我的身勢和在他

人行為中顯然的意向的相互關係實現的。一切的發生，就如同他人的意向寓於我的身體中，或我的意向寓於他人的身體中。」（參考書目1，p.215）把語言區別於身勢，把它與表達思想聯繫在一起，顯然僅僅考慮了語詞的概念涵義和最終涵義，而忽視了其生存涵義。不存在嚴格的約定符號，不存在關於純粹而自明的思想的單純標記，語言並不透明。

　　當然，符號也不是自然的，原因在於身體經驗強調的並不是生理意義上的身體：「兩個有意識的主體有同樣的器官和同樣的神經系統並不足以保證同樣的情緒在他們身上表現為同樣的符號。重要的是他們運用其身體的方式，是他們的身體和他們的世界在情緒中同時成形……人對他的身體的使用相對於單純的生物學存在的身體是超越的。在憤怒中喊叫或在性愛中擁抱不比把一張桌子叫做桌子更自然或更少約定。情緒、情感行為和語詞一樣是創造出來的。」（參考書目1，p.220）在交流過程中，言語身勢應該利用已經獲得的那些涵義，應該在對話者共有的某種範圍內進行；正如其他身勢的理解必須以所有的人共有的被感知世界為前提，言語身勢也在這個世界中展開和展現其涵義。但是，光有這個條件是不夠的，如果言語是真正的言語，那麼言語將產生一種新的涵義。言語因此是一種開放的和不確定的涵義能

力，即同時領會和傳遞一種涵義的能力，簡而言之，是
我們在上一章中談到的身體投射能力的表現之一。我們
就是靠著這種能力，向著新的行為、新的思想和他人超
越。

非常明顯，這裡的身體或者身體經驗並非一個界定
明確的簡單概念，不那麼嚴格地說，它代表的是我們的
處境意識，而語言既是處境的一部分，又是對這一處境
的表達，甚至是對處境的拓展和修正：「每一個肉身化
的主體都像一本空白筆記本，我們還不知道什麼東西將
寫在上面；或者它就像一種新的語言，我們不知道它會
完成什麼樣的作品，只知道，一旦它出現了，它就不可
能不多多少少說點什麼，不可能不具有一個歷史和一種
涵義。人類生活的特有的生產性或自由，絕不會否棄我
們的處境，而是要利用它，並把它轉化為一種表達手
段。」（參考書目12，p.6）我們在身體的原始表達基礎
上，不斷地拓展我們的涵義領域，一切都可以成為我們
的可能的表達手段。最終說來，語言使我們回到身體，
使我們能夠更好地領會身體。梅洛龐蒂甚至斷言，比起
對於身體空間性和統一性的分析來說，關於言語和表達
的分析更好地認識到了本己身體的謎一般的本質（參考
書目1，p.230）。這足以看出，語言問題在梅洛龐蒂的身
體現象學中的重要地位。

三、語言在傳承和創新之間

　　梅洛龐蒂明確否定胡塞爾《邏輯研究》時期由於關
注「純粹邏輯語法」而具有的追求明證性的傾向，而認
同《形式的與先驗的邏輯》和《論幾何學的起源》時期
對於活動中的言語的關注。梅洛龐蒂實際上是在他自己
的身體理論的基礎上，用胡塞爾後期的思考來突破胡塞
爾早期的以及索緒爾的理想語言取向。儘管他認為，
「索緒爾心目中沒有一種像哲學系統那樣的、其所有要素
原則上都可以從一單一的觀念中推演出來的**邏輯整體**。」
（參考書目11，pp.39-40）他還是明確地否定索緒爾重語
言輕言語、重共時輕歷時的傾向，認為索緒爾沒有考慮
說話主體的處境與語言的實際運用。在他看來，「如果
說從橫斷面考慮，語言是一個系統，它也必定在其發展
中才會如此……如果從縱向考慮，語言包含著偶然，同
時系統必定在每一環節都包含有未經思考的事件能夠進
入其中的裂縫。」（參考書目28，p.48）
　　我們事實上面臨著雙重任務：我們應該在語言的變

易中尋找涵義，把它設想爲是運動中的平衡；與此同時，我們應該懂得，同時只不過是歷時之上的橫斷面，在它那裡實現的系統從來都不會完全獲得顯示，它總是包含著潛在的或醞釀中的改變。梅洛龐蒂要求統合這兩個方面，於是「在我身上的語言學家的語言以及我所添加的種種特殊情況，這是一種關於語言的存在的新概念，它因此是偶然中的邏輯，有方位的系統，它於是總是使偶然的東西轉化，在有某種涵義和具體邏輯的整體中重新把握意外。」（參考書目28，p.49）這表明，梅洛龐蒂儘管並不否定作爲制度的語言，但更爲關注實際運作中的言語，他要求回到活的語言，「回到生活世界，尤其是由客觀化的語言回到言語」（參考書目28，p.55）。

　　梅洛龐蒂語言理論的一個重要方面是找尋高度精確的理想語言的根基。演算法代表的就是這種精確地表達和溝通涵義的要求：「演算法（algorithme）把精心而圓滿地加以界定的涵義賦予給選定的那些符號（signe）。它確定了一定數量的透明關係，並爲表述這些關係而構造符號（symbole）──這些符號本身並不表示任何東西，它們從來都只表示我們習慣上讓它們表示的那些東西……如果演算法充分發揮作用，如果它打算成爲一種嚴格的語言並在每一時刻都控制它的運算，那就完全不需要引入任何暗含的東西。新舊關係最終必須一起構成

爲一個單一的家族，我們看到它們從種種可能關係的單一系統中派生出來。這樣一來，永遠不會出現我們打算說的超出於我們實際所說的，或者我們實際所說的超出我們打算說的這樣的情形。符號停留爲在任何時刻都可以被完整地解釋和證明的某種思想的單純簡化。」（參考書目7，pp.9-10）

這是一種類似邏輯實證主義的理想的人工語言要求。這意味著，人們追求「表達的絕對清楚明白」，思想不會在語詞中殘存什麼，語詞也不會在思想中殘存什麼。在這種語言理想中，語言只是通向事物的工具，它自身是透明的。這種信念主宰著精確科學，因爲「演算法是語言的成熟形式。」（參考書目7，p.9）理想語言的實質要求是：「在其成功地進行表達的範圍內使自己被忘卻」，或者說，當某個人懂得表現自己時，「符號很快被忘記了，唯有涵義留存著，而語言的完美就在於它能夠不被覺察到。」（參考書目7，pp.15-16）人與人之間似乎可以達到純粹精神之間的溝通，或者說純粹的思想交流，語言爲此之故在交流中自我消失。梅洛龐蒂把這看作是「純粹語言的幻相」。這無疑是針對分析哲學的人工語言理想的，也可以說是針對胡塞爾早期的純粹邏輯語言的。德希達完全以遊戲的姿態來對待這種要求，而梅洛龐蒂則進行了較爲溫和的批評。

　　梅洛龐蒂表示，語言並不是思想的簡單表象，不僅如此，語言還有其自足性，而且思想還會反過來受制於語言。當然這在文學藝術中更為明顯一些：「面對有價值的一篇小說、一首詩、一幅畫、一部電影，我們知道，已經產生了與某種東西的聯繫，某種東西為了人們而被獲取，作品開始表達出某種連續不斷的資訊……但是，不管是對於藝術家，還是對於公眾，作品的涵義都只能由於作品本身才是可以明確表達的；不管是形成該作品的思想，還是接受該作品的思想都不完全是它的主人。我們透過塞尚的例子將看到什麼樣的危險伴隨著表達與交流。這就如同在霧中邁出的一步，沒有人能夠知道它是不是通向什麼地方……表達因此從來都沒有完成。」（參考書目3，pp.7-8）這就表明語言不是既有的工具，它自身處於不斷的創造和更新之中，「繪畫的語言本身並不出於『大自然的授予』，它有待於構成和重構。」（參考書目5，p.51）按梅洛龐蒂的意思，在有些情形下，語言除了與自己的關係外沒有別的什麼：在內心獨白中和在對話中一樣不存在著「思想」。

　　我們於是不是從意識或者思想出發論語言，或者說語言不是思想的外殼。相反，「言語引起的是言語，而且，在我們最為充分地『思考』的範圍內，言語是如此準確地充塞我們的精神，以致它們沒有在此為純粹的思

想或者為不屬於言語活動的涵義留下任何空角落。」（參
考書目7，pp.161-162）梅洛龐蒂把矛頭指向傳統的表象
觀，「在給定一個對象或者某種場面的情形下，表象指
的是回想起它並在紙上構造出一個等價物來，以便原則
上這一場面的全部要素都毫不含糊地、沒有侵越地得以
表示。」（參考書目7，pp.205-206）但這種表象實際上是
一種客觀主義幻覺。我對於我周圍對象的身體指向是不
言而喻的，沒有預設對於我身體或環境的任何專題化、
任何「表象化」。　因此，語言不是晶體般透明的東西。
日常語言如此，科學語言亦然。

　　科學演算法的形式上的透明並不能夠掩飾其感性源
泉，或者說形式化的東西最終也有其知覺源泉。科學進
步使我們越來越不容易發現科學表達的知覺基礎，但它
始終沒有擺脫這一基礎。由於不局限於表象功能，表達
必定帶有暗示性，「因此不要說整個表達因為包含暗示
就是不完美的，而要說整個表達在其沒有歧義地被理解
的範圍是完美的，並且把能指為所指所超出看作是表達
的根本事實，正是能指的效能使這種情況得以可能。」
（參考書目28，p.52）進而言之，真正的交流是透過間接
的方式實現的：「在無論什麼樣的一個語言中存在的都
只有暗示。充分表達的觀念本身，準確地涵蓋所指的能
指的觀念本身，最後還有完整交流的觀念本身都是矛盾

的。」（參考書目7，p.42）這種情形決定了語言的非透明
性，決定了意義的播撒。

語言的這種自足性並不否定其制度性，並不否定交
流和溝通，不否定人與文化傳統的關係：「人們之間的
語言關係應該有助於我們理解更一般的象徵關係秩序和
制度秩序——這些秩序不僅確保了思想交流而且還有所
有價值類型的交流，確保了人們在某一文化中以及超出
這一文化在某一單一歷史中的共存。」（參考書目12，p.9）
也就是說，在語言中當然包含著創新，此乃是言語的本
質，但又必須包含文化傳承。梅洛龐蒂這樣寫道：「我
們當前的表達活動，不是去追逐先前的那些表達活動，
不是去簡單地延續之或取消之，而是，因爲它們包含了
某種眞理，於是去拯救之、保留之、重新把握之；並且
從各種他人表達活動（不管它們是先前的還是同時的）
角度看，同樣的現象發生了。我們的現在占據著過去的
希望，我們占據著別的人的希望。每一文學的或哲學的
表達活動致力於實現再現世界的願望：世界已經伴隨某
一語言——也就是說某種自稱原則上能夠接收呈現出來
的全部存在的完善的符號系統——的出現而被述說。」
（參考書目28，p.59）只是在我們說話或在我們聽別人說
話時，我們才能夠眞正明白胡塞爾「先驗主體性就是主
體間性」的涵義。

　　按照梅洛龐蒂的觀點，正是透過現在的言語活動，
我找到了已經先行的東西的涵義，正是透過我的言語活
動，我找到了著手理解他人在同一世界中在場的方式。
所以，我們從自己的言語行為中發現了普遍性，也必須
發現普遍性，才有可能進行交流和溝通，「語言的涵
義，像姿勢的涵義一樣，並不在於組成它的各元素。涵
義乃是它們的共同意向，而且，說出的句子只有當聽者
在聽到『言語鏈』的同時，超出各個連接環節並朝向它
們共同指示的方向時，才能獲得理解。」（參考書目12，
p.8）但是，如果這種普遍性不與某種處境聯繫起來，就
會失去其意義。真正說來，表達並不停留為傳達或者轉
達某種既定的東西，在我使用各種富有表達力的手段
時，「我只是在我使它們說某種它們從未說過的東西時
才表達。我們對哲學家的讀解，從賦予給他所使用的辭
彙以『公共的』涵義開始，逐漸地，透過某種最初沒有
意識到的顛倒，他的言語主宰了他的語言，這一使用以
實現一種新的、專屬於他的涵義而結束。當此之時，他
已經使自己被理解，而他的涵義被確立在我身上。」（參
考書目28，p.53）

　　這裡存在著對文化世界的認同的問題，或者說要求
我們參與文化世界的建構。梅洛龐蒂這樣寫道：「作為
與語言不同的言語是這樣一個環節，在此，仍然沈默的

和完全活躍的意指意向被證明能夠將我的言語和別人的
言語歸併到文化中，能夠在改造文化工具的涵義時構成
我和構成他人。」（參考書目28，p.55）眞正說來，正是
語言的創造性方面把我們引向了陌生的經驗和另外的世
界。我們現在很難回到眞正的「笛卡兒思想」，因爲不管
是在他的贊成者那裡，還是在反對者那裡，都存在著對
他的多種多樣解釋。儘管我們說笛卡兒是獨特的，但他
「並不是作爲一個石子或一種本質是獨特的，而是作爲一
種聲音、一種風格或一種語言才是獨特的，也就是說是
能夠爲其他人參與的，是超越於個體的。即使與其生活
聯繫起來，哲學家的思想（最爲確定，它是清楚的，是
自我界定的，是自我區分的）如同小說家的暗示性的思
想一樣，也不會毫無言外之意地進行表達。」（參考書目
7，p.137）於是，對於某一哲學家的文本，在我們的解讀
中，「整個問題不在於知道某人說『是』或『不是』，而
在於他爲什麼這樣說，他給予這個『是』或這個『不是』
什麼涵義，在說『是』的時候接受的是什麼，在說『不
是』時拒絕的是什麼。」（參考書目7，p.134）這要求我
們考慮具體語境。

但從另一角度看，儘管存在著創新，個人的力量最
終還是無法擺脫傳統，「他總是建立起一種被動的傳
統，他自己的經驗和知識的全部分量尚不足以帶來某種

變化。這樣就產生了令人生畏的、必然的文化整合，產
生了命運一個時代接一個時代的重新開始。」（參考書目
7，pp.138-139）從語言，無論是哲學語言還是別的語言
角度看，應該承認繼續與斷裂的辯證法，從經驗深處
看，不同時代之間的變革是在含混中實現的，是潛意識
地實現的。一方面是整合，一方面是革新，但從根本上
來說還是順從。梅洛龐蒂透過比較繪畫與語言來探討這
種繼承與創新：新的繪畫與傳統的關係是沈默無言的，
它無法把過去包納在內。它始終以超越的姿態對待過
去，把過去看作是失敗，但它自身也始終是失敗。而語
言更新與既有語言的關係是在言說中實現的，是在實現
中摧毀，在摧毀中實現，語言的過去不是被克服了，而
是被包納在內。對照兩者可以看出：「作家只能在一種
既成的語言中構思，而每一畫家都重構他的語言。」（參
考書目7，p.142）顯然，語言的創新並沒有擺脫傳統，沒
有拋棄追求真理的任務，「我們實現的不僅是一種涵義
對另一種涵義的替代，而且是等價的涵義的替代，在
此，新的結構在我們看來已經存在於舊的結構中，或者
舊的結構仍然存在於新的結構中，過去並沒被簡單地超
越，它被包括在內。當我們說存在著真理、精神由此出
現時，表達的就是這個意思。」（參考書目7，p.148）
　　我們由此看出語言在梅洛龐蒂那裡的含混定位。就

文學表達而言，語言的「活的」使用既是形式主義的對
立面，又是「主題」文學的對立面（參考書目7，
p.126）。也就是說，它既不沈溺風格或純粹形式，又不是
對思想的如實表現。當然，在形式主義傾向尚未占據主
流的情形下，梅洛龐蒂批判的矛頭主要還是針對語言充
分表達思想這種類似主題文學的傾向。梅洛龐蒂進而區
分了兩種形式的語言和言語：其一，存在著事後語言，
它是習得的語言，作爲涵義的載體在涵義面前消失；其
二，存在著在表達的環節自我形成的語言，它將準確地
使我從符號向涵義移動，「簡言之，一是被言說的語言
（le langage parlé），一是言說著的語言（le langage
parlant）。」（參考書目7，p.17）被言說的語言是透明
的，在它的語詞和它的涵義之間存在著完全的一一對應
關係，但言說著的語言卻在傳遞既有涵義的同時，創造
新的涵義，體現爲積澱和創新的統一。

　　梅洛龐蒂還使用了其他一些類似的表述。就小說語
言而言，「作爲對一定數量的事件的報導，作爲觀念的
陳述、主題或結論，簡言之，作爲直接的、平庸散文的
或明確涵義的小說，與作爲一種風格的開創、作爲間接
的或潛在的涵義的小說處於一種簡單的同名異義關係之
中。」（參考書目7，p.125）顯然，前者相當於被言說的
語言，而後者相當於言說著的語言。在另一個地方，則

有制度化的言語（parole instituée）和征服性的言語
（parole conquérante）的區分（參考書目7，p.196）。實際
上，在《知覺現象學》中，梅洛龐蒂就已經談到語言的
雙重性或者說兩種不同性質的語言，這就是所謂「言說
著的言語」（parole parlante）和「被言說的言語」（parole
parlée）的區分（參考書目1，p.229）。前者是意指意向在
其中處於誕生狀態的言語，它意味著言語是我們的生存
對於自然存在的超出。在後一種情形下，表達活動構成
了一個語言世界和一個文化世界，它使想要超出存在的
東西重新回到存在，由此產生了被表達的言語，這是語
言的制度方面或者說既定的方面。在《知覺現象學》中
相近的表述還有「原初的言語」（parole originaire）和
「派生的言語」（parole secondaire）（參考書目1，
p.446）。後者表現既定的思想，沒有考慮說話主體的處
境，前者使思想首先爲了我們、爲了他人而存在，考慮
的是說話者和聽者之間的互動。

第五章

超越內在與外在：

他人—社會之維

　　他人問題是梅洛龐蒂的核心主題之一,構成其身體
現象學的一個有機部分。早在《行為的結構》中,他已
經多處談到他人問題,在《知覺現象學》的「他人與人
類世界」中,在《世界的散文》的「對他人的知覺與對
話」中,以及在《1949-1952年索邦大學講稿》之〈兒童
與他人的關係〉中(1964年發表於《心理學通報》,英文
版的《知覺的首要地位及其哲學結論》收入了該講稿,
法文版的《旅程》也予以收錄),梅洛龐蒂則集中談論了
這一問題。此外,在〈哲學家及其陰影〉一文中以及其
他很多地方也程度不同地談到這一主題,比如〈塞尚的
疑惑〉就把畫家與他人的關係作為一個重要的論題,而
《知覺首要地位及其哲學結論》也多次提到對他人的知覺
問題在他的哲學中的重要地位。

　　在本章中,我們先是在二十世紀法國哲學及其必要
的德國思想源泉限度內,簡明地勾勒他人問題的大體背
景,繼而展開對梅洛龐蒂他人學說的評介。

一、現代哲學與他人的浮現

　　在我們的日常經驗中，我們的行動、欲望與語言總是涉及到別人。我們總是理所當然地認為，「別的自我（Alter Ego）是鄰人，像我一樣，他是一個自我，他作為自我本身的一種延伸，一個同類出現。」（參考書目24，p.5）從哲學上看，早在近代哲學中，他人或他者概念就以各種不同方式出現過。但從總體上看，由於近代哲學關注的是普遍性和特殊性的統一，關注的是同一性而不是差異性，關注的是普遍理性主體（我思、絕對精神、先驗統覺）的絕對地位，所以根本不可能提出專門的他者（L'Autre, Other）、他人（L'Autrui, Others）與他性（Altérité, Otherness）問題。他人的存在在理論上是沒有任何價值的，無需對它作出任何斷言或者假定。

　　「我思」或「先驗統覺」作為普遍意識強調的是「同」，根本不存在作為「異」的他人。如果說有什麼「同」「異」關係的話，應該存在於作為主體的「我們」與作為客體的「世界」之間，而不是存在於作為主體的

「我」與作為主體的「他」之間。普遍理性主體意味著「我們」，它確乎表現為各種形式的「唯我論」，實際上是各種形式的「唯我們論」。笛卡兒顯然沒有能夠在「我」之外看到「他」；康德只是探討自我意識與對象意識的關係，而沒有關注自我意識與別的自我意識的關係；黑格爾儘管看到了「自我意識有另一個自我意識和它對立，它走到它自身之外」（參考書目36，p.123），但這畢竟只是自我意識的分裂，是其「苦惱狀態」。一旦達到自在自為狀態，「我就是我們，而我們就是我。」（參考書目36，p.122）從根本上來說，「他」在近代哲學中不具有任何哲學地位。

但在二十世紀早期，不管是在分析哲學線索中，還是在人文哲學線索中，都在一定程度上開始關注他人問題，著眼於「我」對「他」的認識關係，使用的都是模擬論證。前者的代表如羅素（Russell），後者的代表如胡塞爾。到了二十世紀中期，這一問題逐步變成為哲學家們從不同角度、以不同立場來關注的一個較為普遍的話題。英國日常語言哲學和法國現象學—存在主義哲學對這一問題的關注的視角大不相同，各自內部也沒有形成統一的立場。以上兩個階段的探討涉及的都是作為人的「他」相對於「我」而言的他性，哲學家們往往著眼於如何將他性予以轉化。在六○年代以來的後現代哲學思潮

中，這一問題在涉及到他人相對於我的他性的同時，更
多地關注的是文化的他性，一方面要探討西方文化的內
部分化問題，旨在揭示非理性作爲理性的他者在現代性
進程中的命運，另一方面則要探討西方文化與作爲他者
的非西方文化的關係。在本節中，我們力圖在二十世紀
法國哲學以及必要的德國哲學源頭中來清理梅洛龐蒂探
討他人問題的理論背景。

　　在大陸哲學或者說現象學傳統中，胡塞爾最先遇到
他人問題這一難題。在他的晚期思想中，他開始關心主
體間性問題，把他人作爲認識的客觀保證提到了哲學議
題上來。這當然源於他自己的哲學的困境。現象學反對
把世界、自我和他人看作是自在存在的觀點，認爲這是
一種自然的態度：「在自然的思維態度中，我們的直觀
和思維面對著事物，這些事物被給予我們，並且是自明
地被給予。」（參考書目39，p.19）簡單地說，在自然的
態度中，空間中的事物在我面前存在著，我作爲一種世
界之物在空間中存在著，他人也與我相鄰地存在著。對
於他人，我看見他們的行動，我聽見他們在走動，我抓
住他們的手，我同他們說話，我明白他們想些什麼、他
們希望些什麼，如此等等。透過現象學還原，胡塞爾把
世界的存在、經驗的自我的存在放在了括弧裡。其結果
是，世界仍然存在，但它只是向我的意識呈現的現象；

我也不再是經驗意義上的自我，而是先驗自我或純粹意識。於是世界與主體之間的關係是意識中的內在關係：意識活動的對象（Noema）是由意識活動（Noesis）構成的，不存在所謂的超越之物，一切都在意識之內。

但是，如果世界在意識之內被構成，現象學不就成了唯我論？胡塞爾不願意讓自己陷入唯我論。正是在這裡，他把他人作為避免唯我論的手段搬了出來。既然清除了自然的態度，這裡的他人就不是指別的經驗自我，而是別的先驗自我。胡塞爾指出，世界不僅是由我的先驗意識構成的，同時也是由別的先驗意識構成的；他人也是世界的存在、世界經驗地向我的意識呈現的一種恆定的條件。康德以普遍意識來保證對象的客觀性，對象與主體之間存在著的是一種單純的關係。而在胡塞爾那裡，對象在我的意識中顯現為是多價的，它以無限多樣的意識作為其參照系。由於他人的出現，「我的原真世界就成了『關於』某個確定的『客觀』世界，即對每個人（也包括我自己）來說的同一個世界的顯現。」（參考書目41，p.146）也就是說，如果對象僅僅由我的意識構成，它是主觀的，由於他人也是其構成條件，它就具有了客觀性，它在客觀化的先驗統覺中呈現出來。

唯我論只承認自己的意識是唯一的實在，它否定世界的存在，也因此無法解決他人存在問題。胡塞爾認

爲，別的經驗的自我固然可以由我的意識構成，但作爲
先驗意識的他人不可能是由我的意識構成的。他人的出
現否定了意識的孤獨性，也因此否定了唯我論。世界不
僅僅被領會成是爲我的，而且它也向別的意識呈現。顯
然他不再以普遍意識而是以多種意識的並存或主體間性
來防禦唯我論。但是，胡塞爾在探討我的先驗自我意識
與別的先驗自我意識的關係時遇到難題，他最終借助於
一種模擬論證，以身體爲仲介，根據我是一種心理－物
理的綜合來類推出別的生理行爲背後的他人意識（我們
將在第二節稍作論述）。這是一種有問題的認識論姿態。
如果先驗意識只是爲了保證意識對象的客觀性才求助於
別的意識，他人就只能是構成世界的一個補充範疇，他
人作爲世界之外一個正存在著的眞實存在就沒有也始終
無法獲得論證。這就表明，爲了避免唯我論，胡塞爾沒
有把他人看作是由我的意識構成的；但是，他人只不過
是我的對象被構成的一種輔助條件，其本己的存在根本
沒有被提及。近代哲學中的意識是意識一般，其客觀性
無需他人來保證，但胡塞爾的純粹意識是一種先驗本
我，只得以他人見證來保證其公正無私。

　　法國哲學家沙特、梅洛龐蒂等胡塞爾弟子眞正開始
正視他人問題。但是，除了否定胡塞爾的認識論姿態並
且都在不同程度上接受海德格的影響外，他們之間的立

場也各不相同。海德格最先把他人問題引入到存在論領
域。他關於「此在在世」的現象學描述，尤其是對「共
在」的探討表明了他對「他人」的立場。他指出，無世
界的單純主體並不首先存在，無他人的絕緣的自我歸根
到底也並不首先存在（參考書目42，p.143）。在周圍世界
中，透過用具的指引，我與他人結緣、與他人照面。他
人不是現成的對象，相反，對象於他人、於我都是上手
的或者在手的。世界是我的世界，也是他人的世界。問
題在於，我們通常對他人來照面的描述總是以自己的此
在爲準，這是不是會導致某種自我中心論呢？海德格的
解決方案是：不要把他人看作是我之外的其餘的人，他
人實際上是我多半與之無別的、我也在其中的那些人。
於是，此在的存在就是與他人的「共同存在」。這種共同
存在在勞作中透過用具的指引顯現出來。從根本上說，
這種共同存在就是煩神（Fürsorge）。海德格自認是從生
存活動而不是從認識論角度去描述他人的，「自己的此
在的『主體性質』與他人的『主體性質』都是從生存論
上加以規定的，也就是說，從某些去存在的方式來規定
的。」（參考書目42，p.155）在此在的存在領會中已經有
了對他人的領會。

　　共同此在是一種非本眞的生存方式。在雜然共存
中，作爲此在的「我」被「他」同化而成爲「他們」中

的一員。當然，海德格希望從這種「同」中走出，最終
回到主觀的孤獨。沙特認為，海德格以存在論取代認識
論，使他人不再是我的意識的構成物，這是一個重大的
進步，但這種進步是不夠的。這是因為，他人看似「他
們」，實際上卻是變相的「我們」。沙特評論說，海德格
意義上的他人實際上是康德意義上的普遍主體的異化形
式，或者說關於他人的「存在論觀點重新回到了康德式
主體的抽象觀點。」（參考書目18，p.286）因此，我的存
在之外的真正意義上的他人的存在依然沒有獲得證明：
「從我的存在出發而把握的我的共在只能被認為是一種基
於我的存在的純粹要求，它完全不能構成他人存在的證
明，完全不能構成我和別人之間的橋樑。」（參考書目
18，p.287）

　　依據現象學方法，沙特從自為與自在、為我與為他
的關係的角度探討他人問題。在他看來，自在是其所
是，是沒有變易的絕對充實，而自為則是其所不是，或
不是其所是，是一種自身否定或虛無化的存在，是純粹
意識。但在人的實在中，這兩者是聯繫在一起的。在自
為和自在關係之外，還存在著自我與他人的關係。自為
是一種為我，但我們也發現，在為我之外，還有一種不
是為我，卻是「自我」的存在。簡單地說，自為發現還
有別的意識存在，還有別的自為存在，也就是說存在著

他人。比如，我在羞恥意識中就遭遇到了他人。我對我
之所是感到羞恥，從表面上看，這完全是我與我的內在
關係：我透過羞恥發現了我的存在的一個方面。但是，
「羞恥按其原始結構是在某人面前的羞恥。」（參考書目
18，p.259）他人是我和我本身之間不可缺少的仲介：我
之所以對我自己感到羞恥，是因爲我向他人顯現，而且
是作爲對象向他人顯現的。羞恥根本上就是承認，我承
認我自己就是他人所看見的那個樣子。

於是，我的存在就有了兩個方面：「自爲的內在性」
與「爲他所是的自在存在」（參考書目18，p.260）。「羞
恥」正表明了我的自爲與自在兩個方面的不可分割的聯
繫。人的實在的自在方面與他人牽連在一起，「他人不
只是向我揭示了我是什麼，他還在一種可以支持一些新
的質定的新的存在類型上構成了我。」（參考書目18，
p.260）也就是說，他人對我的存在的某一方面具有構成
性的意義。我對自己感到羞恥，因爲我承認我就是別人
注視著的那個對象。我與那個對象具有一種存在關係，
我或許無時不在否認，但羞恥卻是對這一對象的承認。
這個對象顯然是對我的自由的一種限制，因爲，這是
「在他人的自由中並透過他人的自由而提出來的我的存
在。」（參考書目18，p.301）我的存在中有某種自在的東
西，因爲他人的存在足以使我「是其所是」。

　　胡塞爾用他人來保證認識的客觀性，沙特引出他人
來確立人的實在的一個方面。這裡實際上存在著兩個密
切相關的問題：一是他人的存在，一是我與他人的存在
的存在關係（參考書目18，p.261）。沙特的基本立場是：
他人跟我一樣作爲具有否定特徵的純粹意識而存在；他
是一個生存主體而不是認識對象；我和他之間存在著一
種既非外在、又非內在的互相否定的存在關係——互相
限制對方的自由，這恰恰意味著彼此都是自由的。我的
羞恥首先表明了我的爲他的存在，同時也證明了他人的
無可懷疑的存在。我和他人都力圖將對方置於對象的境
地，但是這種努力恰恰證明，我和他人都是自由的。沙
特與胡塞爾面臨著同樣的問題：他人的意識永遠也不可
能如其所是地向我呈現。沙特因此同樣借助於身體仲
介。我有身體，而我的身體的本性把我引向了他人的爲
我的存在和我的爲他的存在。這是因爲「他人爲我所是
的對象和我爲他所是的對象都作爲身體表現出來。」（參
考書目18，p.341）

　　身體是我和他人之間關係的通道，身體相互碰面，
在性愛、語言等行爲中都確認著他人存在。尤其是在注
視中，人們之間互爲他人。我的爲他的身體意味著我被
迫用別人的眼睛看我自己，正是透過他人我意識到了我
的身體。他人的爲我的身體也是如此。然而，在沙特那

裡，關鍵的問題不是對他人的認識，而是闡釋「對他人
的經驗」對於我的生存來說意味著什麼。注視表明人們
互相將對方對象化，實際上是要否定對方的主體性。他
人是我的自在的基礎，我要逃避我不是其基礎的自在，
我要把對象性給予他人，因爲他人的對象性是我的爲他
的對象性的瓦解。於是，彼此限制對方的自由，但卻不
可能取消這種自由。沙特透過分析自我與他人的各種具
體關係，力圖表明，衝突是爲他的存在的原始意義：
「人的實在徒勞地尋求擺脫這一兩難處境：或超越別人或
讓自己被別人超越。意識間關係的本質不是共在，而是
衝突。」（參考書目18，p.470）

　　沙特與胡塞爾的解決方案都是問題的。他們都把人
的實在看作是純粹意識，而意識又是內在的，確認他人
的存在於是面臨著同樣的困難。他們都力圖從他人的身
體行爲推出他人的意識存在，但這種推論是行不通的。
身體是外在存在，意識是內在存在，從外在到內在沒有
通道。進一步說，沙特不僅把人的實在局限於我思或意
識，而且將意識與自由畫等號，於是衝突成爲在世存在
的根本標誌。爭奪自由導致互相將對方對象化，胡塞爾
在認識論中遇到的問題換一個方式在存在論中出現了。
梅洛龐蒂對這種內在與外在的區分提出了批評，並且以
社會性取代孤獨個體之間的衝突。他承認胡塞爾提出的

他人意識問題為現象學開闢了新方向，同時也指出，他
人對於對象性思維或者說對於認識論是一個難題。為了
避免這種困難，梅洛龐蒂不再把意識看作是純粹的自為
存在，而是將它看作是知覺意識，是行為的主體，是在
世或生存，於是意識與身體聯繫在一起。

　　也就是說，不應該只看重所謂的內在性，而應該看
到內在與外在是密切相關的。身體是與內在性緊密聯繫
在一起的一種外在，人的行為、語言都透過身體體現出
來。於是，我們透過對身體間性的經驗，可以領會他人
的存在。胡塞爾不斷在進行還原，且進行不同類型的還
原，正表明絕對的先驗主體是不存在的，同時也就表明
了他人的存在。他人出現在文化世界中，我們如何理解
文化世界，與我們如何理解他人是一致的。梅洛龐蒂同
意沙特的看法，對現象學的在世理解使我們回歸生存，
而不是處在認識之維。但是他否認沙特提出的在注視中
他人和我彼此將對方置於客體地位、彼此否定對方的看
法。注視實際上代表一種可能的溝通，即便是拒絕溝通
也是一種溝通形式（參考書目1，p.414）。不要把孤獨和
溝通看作是兩種選擇，而應當將它們看作是單一現象的
兩個環節或者兩個方面。在世的存在不是孤獨的自我，
而是共在。

　　在近代哲學中，普遍理性主體消融了他人，哲學中

根本上就不存在所謂的他人問題，在現代哲學中，必須
解決我的自我與別的自我的關係問題（或是沙特意義上
的衝突論或是梅洛龐蒂視野中的共存論）。梅洛龐蒂在生
存論的基礎上談及文化世界與溝通問題，他認爲在同一
文化中，他人的存在是顯而易見的事實，這種共在論明
顯沒有承認差異。在此後的哲學中，人們在否定人與人
之間、文明與文明之間的衝突的同時，更多地承認差異
性，也因此拋棄了梅洛龐蒂意義上的共在論。或者說，
各種關注絕對他性的他者觀超越了個體與他人之間的簡
單的同（le Même）與異（l'Autre）關係。

　　列維納斯以所謂的「他人的人道主義」著稱，由於
接受兩希文化（希臘文化和希伯萊文化）的影響，由於
作爲猶太人的現實處境，他否定傳統哲學以整體性消除
差異性和他性的傾向。在他看來，梅洛龐蒂的共存論沒
有關心超越和差異問題，力圖達到的是消除文化間的差
異、人與人之間的差異，從而否定了其他文化、其他人
的獨特存在。傅柯批判反思了西方現代化進程中主導性
的理性大潮對於各種作爲他者的非理性因素、邊緣性因
素的控制策略；德希達則更爲廣泛地探討了西方理性文
明內部包含著的作爲他者的邊緣力量或外來力量。這就
把梅洛龐蒂開始關注的文化世界問題拓展開來了。

二、主體間性即是身體間性

在胡塞爾的晚期思想中，主體性即是主體間性，而在梅洛龐蒂的創造性解讀中，主體間性與身體間性是完全一致的。他不僅把他人看作一個非常重要的哲學主題，而且可以說他的整個思想的靈感源泉都出自胡塞爾有關主體間性的思想。由於強調海德格的「在世」概念，由於肉身化主體是生存在世的核心或者實質，我與他人的關係因此不是意識間的關係而是一種身體間的關係。「其他人也在那裡（他們已經由於事物的同時性而在那裡），並不首先是作為精神，甚至也不是作為『心理現象』，而是比如我們在憤怒或熱愛中所面對的面孔、姿態、言語之類，我們的面孔、姿態和語言不用什麼起仲介作用的思想就回應著它們，有時，甚至在他們的話通達我們之前，我們就確定性地、比我們所理解的更為確定地回敬它們。每一個人都包蘊著其他人，並在其身體中為他們所證實。」（參考書目28，p.170）這裡的身體，不管是我的身體，還是他人的身體，都是我們前面所謂

的超越主體和客體的第三類存在，它們克服了胡塞爾和
沙特對內在意識的迷戀，或者說從根本上就超越了內在
意識與外在身體之間的嚴格區分。

　　早在《行為的結構》中，梅洛龐蒂就明確地否定行
為背後還存在著純粹意識，對於我是這樣，對於別人亦
然：「沒有任何行為證明了一種隱藏於它後面的純粹意
識，他人從來都不是作為正在思維著的自我的完全等價
物被提供給我的。」（參考書目2，p.137）於是，「他人
既不在事物之中，也不在他的身體之中，而且他不是自
我。我們不能將他置於任何地方，實際上我們既不將他
置於自在之中，也不將之置於自為（這乃是自我）之
中。」（參考書目7，p.190）。我們已經談到，行為本身就
是一種含混的東西，它「既不是事物，也不是意識」。於
是，他人也應該是這種含混的東西，不是內在意識，更
不是外在客體。這就使我們回到了作為「知覺著的事物」
的、作為「主體─客體」的身體。他進而表示，「在我
的眼裡，他人因此始終處於我所看到和聽到的東西之邊
緣，他屬於我一邊，他在我的邊上或我的後面，他不處
在我的注視擠壓和掏空了全部『內在』的地方。」（參考
書目7，p.186）他人於是意味著物質與精神的統一體，而
且統一在他人的身體之中。揭示他人的身體也就是揭示
他人的存在。

　　對於梅洛龐蒂而言，身體圖式在他人問題上也是一個非常重要的概念，在兒童形成身體圖式的同時，對他人的知覺也形成了（參考書目8，p.185）。這種身體圖式意味著身體器官之間的協調性甚至是可逆性，與此同時，這種協調或可逆關係可以推廣到身體間去。我的右手觸摸左手，前者是主動者、觸摸者，後者是被動者、被觸摸者，彷彿一個是主體，一個是客體。然而，真正說來，在這種觸摸過程中會產生某種轉換：左手實際上也在觸摸，而右手則成了被觸摸者。於是，兩隻手均成為主動—被動者、觸摸—被觸摸者、主體—客體。進而言之，我的右手握著左手與我的手握著別人的手並沒有根本的不同，「我的手在握別人的手時，如果我有著它在那裡存在的明證，這是因為它替換了我的左手，是因為我的身體在它矛盾地成為處所的『這種想法』中與別人的身體合併在一起。我的雙手『共現』（comprésenter）或者『共存』（coexister），因為它們是同一身體的兩隻手；他人作為這一共現的延伸而出現，他和我就像是唯一的身體間性的器官。」（參考書目28，pp.153-154）這種共現、共存的說法，實際上是胡塞爾的模擬論證的創造性誤讀。

　　我們前面說過，胡塞爾提出他人概念，實際上導致了一個難題。這就是，先驗意識之間或者說先驗主體之

間的關係如何確認，或者說另一個意識如何向我的意識
呈現？他人意識不可能直接地呈現出來，原因在於，
「如果他人的本己本質性的東西是以直接的方式可通達的
話，那麼，它只能是我的本己本質的一個要素，而且他
本身和我自己最終將會是同一個東西。」（參考書目41，
p.149）於是，應該存在著某種「意向性的間接性」，也就
出現了「共現」的情形。在他看來，在外部經驗中就已
經存在著共現，「因為我們真正所看到的一件東西的前
面總是必然會共現出它的背面。並且以某種或多或少確
定的內容來標明它。」（參考書目41，p.149）在我的感官
知覺中，事物既有某一側面的當下的直接呈現，又有別
的側面的共現，而且所有的側面都潛在地可以直接呈
現。但在我的「對他人的知覺」中，他人的某種生理的
行為直接呈現或潛在共現，但他人的意識始終只能共
現，永遠也不能夠直接呈現。總之，別的自我從來沒有
也永遠不會呈現，但它透過某種呈現的東西得以共現。
一個身體行為共現了另一個靈魂，就像我自己的行為屬
於一個心理物理有機體一樣。

　　胡塞爾認為，自我與另一個自我總是必然地在本原
的「成對」（Paarung）中被給予出來（參考書目41，
p.153）。我們在感官知覺中會注意到「成群」的對象或
「一對」對象呈現在我們的知覺面前的現象。比如我們不

是先看到一隻鞋，又看到一隻鞋，然後透過推理得出結論說有一雙鞋。我們一下子就看到了兩隻鞋成對地出現。他認為，這種成對現象也存在於「對他人的知覺」中。根據他人被知覺到的行為與我們自己的統覺（Apperception）行為的相似性，他人的身體行為被經驗為與他自己的心理主宰者成對，因為我的行為始終與我自己的心理控制者是成對的。最終來說，「陌生者的主體性是透過在我的主體性的獨特的本己本質性中的共現而得以產生的。」（參考書目41，p.165）對他人的意向性是間接的，即別的自我永遠是意向性的間接的而非直接的對象。換言之，作為生理心理主體的他人只能借助身體這一媒介而被間接給予。我有身體，我也意識到別的身體，他人的意識於是透過別的身體向我自己的身體呈現，而為我所把握，這是一種所謂的「模擬的間接統覺」。

　　然而，身體與意識畢竟不是一回事，用他人的身體與我的身體關係來模擬作為意識的他人與我的意識是有問題的。儘管胡塞爾強調這種模擬不是通常意義的模擬推理，而是一種「前邏輯、前推理的活動」，但身體是經驗的，意識是先驗的，異質的兩者之間不存在任何意義上的模擬的通道。按照沙特的說法，即使我的心靈直接面對他人的身體在場，我要達到他的心靈也還受到他人

身體的妨礙。這樣一來，胡塞爾不得不再度面臨著二難選擇：要麼他人也是由我的意向性活動構成的，因此無法擺脫唯我論；要麼他人是自在地存在於我的意識之外的，於是重新回到自然的態度。後來的思想家認爲，胡塞爾之所以不能解決這個問題，原因在於他從認識論出發，而沒有關注他人的本體論意蘊。他人最終出現在認識對象的序列中而不是在認識主體的序列中。

　　這樣，誠如沙特所說，在胡塞爾那裡，「他人是空洞意向的對象，他人原則上被拒絕了、消失了，唯一保留著的實在因此是我的意向性的實在」，於是，胡塞爾「像康德一樣不能逃避唯我論」（參考書目18，pp.273-274）。從根本上說，胡塞爾並沒有眞正考慮他人的獨立地位，「他的動機不是去證明別的自我眞的存在在這個世界中……相反，胡塞爾打算強調主體間性問題對於客觀眞理的要求這一問題的重要性。」（參考書目23，p.318）也就是說，爲了解決意識對於對象之構造的客觀性，他才不得不訴諸於他人意識。爲了引出他人意識又得借助於我的身體和他人身體的仲介。由於身體依然被看作是客觀的，最終使得他人和身體都成爲構造之物，因此失去了爲客觀性而辯護的功能。梅洛龐蒂透過否定純粹意識的存在，透過把身體與心靈結合在身體中，或者說透過身體的靈化，簡化了模擬論證，並因此避免了由外在

身體如何向內在意識過渡這一難題。

　　梅洛龐蒂首先用活生生的身體來爲胡塞爾的對象構造作辯護，他對他人問題的論證同時成爲建構其獨立身體現象學的重要步驟：「相對於我的身體而言的事物，乃是『唯我論』的事物，這還不是事物本身。它在我的身體的語境中被把握，我的本己身體只是在其邊緣或其周圍才屬於事物的秩序。世界還沒有對身體關閉。只有當我懂得：這些事物也爲其他人看到，它們被推定對於所有的目擊者都是可見的，我的身體所知覺到的事物才是眞正的存在。自在因此只是按照他人的建構才顯露出來。」（參考書目28，p.153）按照另一表達就是：「正像我的身體（作爲我對世界的所有把握的系統）奠定了我所知覺到的對象的統一一樣，他人的身體（作爲象徵行爲和眞實實在的行爲之載體）從作爲我的現象之一中掙脫出來，向我提出眞正交流的任務，並且賦予我的對象以主體間存在，或者換而言之客觀性之新向度。」（參考書目12，p.18）

　　梅洛龐蒂進而爲胡塞爾的他人意識構造做辯護。按照他的看法，胡塞爾打算說的是，「不存在爲了一個精神構造一個精神，而是爲了一個人構造一個人。透過可見的身體的獨特的說服效果，設身處地由身體通向精神。當別的探索的身體、別的行爲透過最初的『意向性

越界』而向我呈現時，是整體的人伴隨所有的可能性
（不管這些可能性是什麼）被給予了我，我在我的肉身化
的存在中對此擁有不容置疑的證明。我永遠不能夠在完
全嚴格的意義上思考他人的思想：我可以想到他在思
考，能夠在這一四肢能動的木偶背後根據我自己的呈現
樣式構造屬於他的呈現樣式。」（參考書目28，pp.154-
155）這就整個地把胡塞爾關於他人的意識的問題，轉變
成了身體問題，將意識意向性轉變成一種全面意向性，
一種身心統一的意向性：「我首先知覺到的是別的『感
受性』，並且僅僅由此出發，就知覺到了一個別人和一種
別的思想。」（參考書目28，p.154）

　　在對待他人方面，我們始終在根據我自己的行為來
類推他人的行為，「他人的活動始終透過我的活動而被
理解，『人們』或『我們』透過我而被理解。」（參考書
目1，p.400）梅洛龐蒂發現，問題恰恰就出現在這裡：主
我（Je）一詞為何能變成複數形式，我們如何能夠形成
關於主我的一般觀念，我們如何能夠談論一個不是我的
主我的別的主我？如此等等。不應該強求證明，我們應
該訴諸經驗，既然我在我自己的身體中經驗到身心的統
一，我們也不會經驗到分離的他人意識和他人身體，
「如果我們感覺到了我的意識內在於其身體和其世界之
中，他人知覺和意識的多元性不再產生困難……如果我

的意識擁有一個身體，別的那些身體爲什麼不能夠『擁有』意識？顯然，這意味著身體觀念和意識觀念被深刻地改變了。」（參考書目1，p.403）他堅持認爲，這裡並不存在著「模擬推理」。模擬推理必須首先預設它要說明的東西，結果是什麼也沒有證明，「但對他人的知覺在這些證明之先並使之可能，這些證明不是對他人的知覺之構成成分。」（參考書目1，p.404）

梅洛龐蒂舉了這樣一個例子：當我出於好玩把一個十五個月大的嬰兒的一個手指放在我的牙齒間，並裝出要咬這個手指的樣式時，他會張開嘴巴。然而他絕沒有在鏡子中看到他的面孔，他的牙齒與我的沒有相似之處。實際情況是，他由內部感覺到的他自己的嘴巴和牙齒，對他來說立即就是咬的器官，而他從外部看到的我的下頜，對於他來說立即就能夠有同樣的意向。他接著指出：「這一『咬』對於他來說立刻有了主體間涵義。他在他的身體中知覺到他的意向，我的身體與他的身體在一起，所以由此我的意向在我的身體中。在我的物理行爲與他人的物理行爲之間，在我的意向與我的物理行爲之間發現的一致，足以爲系統地認識他人提供線索，但當直接知覺失敗時，這些一致卻不能告訴我他人的存在。在我的意識與我所體驗到的我的身體之間，在這一現象的身體與我從外部看到的他人身體之間，存在著一

種內在關係，這一關係使作爲系統的完成的他人呈現出來。他人的明證於我是可能的，因爲我對於我自己也不是透明的，因爲我的主體性在它的後面也帶著它的身體。」（參考書目1，pp.404-405）

我們與事物的關係以身體意向性爲核心，但我們發現事物的意義並不僅僅圍繞我的行爲而組織，它們同時也是由其他身體的意向性而構成的。比如，我的注視落在一個正進行活動的活的身體之上，圍繞這一身體的諸物體立即獲得了一個新的涵義層：「它們不再僅僅是我所能夠構造的，它們也是這一行爲將要構造的。」在這裡，我們不是透過認識的方式，而是以知覺的方式來確認他人行爲的，「正是我的身體知覺到了別的身體，並且它感覺到別的身體是我自己的意向的神奇的延伸，是一種熟練的對待世界的方式；從此以後，就像我的身體的部分一起構成爲一個系統，他人的身體和我的身體成爲一個單一的全體，是單一現象的反面和正面，而我的身體在每一時刻都是其跡象的無名的存在，從此以後同時棲息於這兩個身體中。」（參考書目1，p.406）

我們從完全外在的物質和完全內在的意識通達了主客統一、身心難分的身體中。但梅洛龐蒂認爲，這樣達到的並不一定就是他人，我們只是在一種多元經驗論中把你與我拉平了，把非個性引入到了主體性的中心，於

是在這種多重視角中，在使自我消失的同時，別的自我也可能一同消失：「如果知覺著的主體是無名的，那麼他所知覺到的他人本身也是無名的，而當我們打算在這一集體意識中使意識的多元性呈現時，我們將重新發現我們認為已經克服了的困難。」（參考書目1，pp.408-409）比如說，我在他人的行為中，在他的面孔上，在他的雙手上知覺到他的悲傷和憤怒，而無需借用痛苦或憤怒的內在經驗，因為悲傷與憤怒是在世存在的各種變型，在身體與意識間是未分化的，它們存在於他人行為中，在他的現象的身體中是可見的，就像它們在向我呈現出來的我的行為中一樣，可是，「最終說來，他人的行為甚至他人的言語都不是他人。他人的悲傷和他的憤怒於他和於我從來都不具有完全相同的意義。對他來說，它們是經歷到的處境，對於我來說，它們是共現的處境。」（參考書目1，p.409）

所以，梅洛龐蒂認為，「對他人的知覺的困境並不完全與客觀思維有關，它們也不會伴隨行為的發現而全部消失。」（參考書目1，p.409）梅洛龐蒂無疑否定客觀思維，但像沙特那樣，以為回到生存中就解決了他人問題也是有疑問的，進一步言之，且不說自我與他人的衝突一面，就算自我為他人著想，也是如此。他寫道：「自我與他人的衝突並不只是當我們尋求思考他人時才開

始的，如果我們將思想重新整合到非專題意識中、整合到未經反思的生活中，這種衝突也不會消失。」（參考書目1，p.409）他舉了這樣的例子：比如說，我與他人締結條約，我決定生活在一個間世界（intermonde）裡，在這裡我給予他人和我同等的位置。這並沒有消除我的中心地位，「這一間世界仍然是我的一個計畫，相信我期望他人的利益就如同我自己的一樣，這不過是一種虛偽，因為即便這一對他人利益的歡喜也是由我而來的。」（參考書目1，pp.409-410）

　　他人實際上在主體和主體看見的東西之間產生著轉換，於是自我與他人的關係存在著兩個方面：一方面，他人作為別的自我否定了我的中心地位，「存在著一個作為別人的自我，他居於別處，並且把我從我的中心地位廢黜。」（參考書目7，p.187）另一方面，他人似乎始終還是從屬於我，仍然是唯我的場景中的力量，而不是絕對的力量，他人始終是我第二，即使我把他放在第一位，仍然是如此，因為這是源於我的計畫和構造，「關鍵的是要弄明白我如何分身，我如何自己偏離中心。關於他人的經驗始終是關於自我的相似者的經驗，是關於與自我相似者的經驗。問題的解決就在於尋找那種奇特的親緣關係，它總是使他人成為我第二，即使在我喜歡他甚於自己，將自己獻身於他時也是如此。」（參考書目

7，p.188）顯然，從單向性出發對待他人，不管主體採取
何種姿態，都無法避免以己度人。

　　於是應該強調相互性，「缺乏相互性，仍然不存在
別的自我。」「共在在任何情況下都應該被雙方經驗到。」
「我無疑既沒有感覺到自己是自然世界，也沒有感覺到自
己是文化世界的構造者：在每一知覺中，在每一判斷
中，我都在使要麼感覺功能，要麼文化蒙太奇起作用──
它們實際上並非是屬於我的。」（參考書目1，pp.410-411）
也就是說，從我出發來為別人著想，不管從意識角度，
還是從知覺角度都是有問題的，這實際上還是想充當普
遍主體的角色，進而充當上帝的角色。在上帝那裡，我
能夠像意識到我自己一樣意識到他人，愛上帝就如同愛
我自己。但是，這種對上帝的愛不是來自於我，而是上
帝透過我而自己愛自己。只要從我的角度出發，按照這
樣一種思維方式，「孤獨和交流不必是一種選擇的兩
項，而是單一現象的兩個環節，因為，事實上他人是為
我而存在的。」（參考書目1，p.412）

　　於是，再度出現唯我論問題，「對他人的知覺的奇
蹟首先就在於：一切能夠在我眼中有存在價值的東西都
只能透過直接或間接地通達我的領域，透過向我的經驗
總結呈現，透過進入我的世界才會如此。這就意味著凡
真實的東西都是屬於我的東西，同樣也意味著凡屬於我

的東西都是眞實的東西。」（參考書目7，p.188）儘管消除了認識論上的唯我論，我們還是面對著生存論上的唯我論。爲了解決這個問題，這需要在我自己之外，設定「一個在絕對觀衆範圍內的他者X爲其見證」。這是一種當下而直接的見證，比如，我注視著一個在睡眠中的一動不動的男人，他突然甦醒過來。他睜開雙眼，他向著掉在他旁邊的帽子做出一個動作，拿起它來爲自己遮擋陽光。「當那個男人在陽光下甦醒且將手伸向自己的帽子的時候，在曬得我發熱並且使我瞇上眼睛的這一陽光與從遠處那邊提供的可以治療我的疲勞的動作之間，在那邊被曬壞了的前額與他以我的名義要求的保護動作之間，一種我無需作出任何決定的關聯建立起來了。」（參考書目7，p.190）

　　應該克服人與人之間的衝突，但並不因此就強調同一性。列維納斯在《時間與他者》中，以愛情關係和父子關係爲例，表明承認他人就是承認非同一性，走出同一性（參考書目22，pp.68-73）。這就承認了他人的差異性、異質性，從而否定了設身處地，否定了梅洛龐蒂軟弱地求助的共在和相互性。但梅洛龐蒂卻沒有放棄對於同一性的追求，即使後期也繼續著這樣的道路，而且要爲之尋找到了一種本體論的基礎：他將靈化的身體看作是世界的實質，甚至世界自身也是靈化的，並因此解決

他人問題的困境。世界整個來說是與我的身體性及別的身體性相關的東西，是身體間性的媒質，世界就是「肉」（chair）。肉表明世界是活的，它誠然是被感覺的東西，同時也是感覺著的東西。

我的兩隻手之間的關係之所以能夠推廣到我的身體與別的身體的關係上去，恰恰因為兩者都屬於世界之肉。也就是說，我的兩隻手之間、兩隻眼睛之間、兩隻耳朵之間彼此協同地面對同一個世界，我的身體與別的身體也同樣協同地面對一個共同世界。梅洛龐蒂要問：「為什麼這種協同作用可以存在於各自內部，而不能存在於不同的有機體之間呢？」他的結論是「不存在著的別的自我的難題」，這是因為，「不是我在看，也不是他在看，而是一種無名的可見性停留在我們兩者全體，一種視覺一般按照原始性質隸屬於肉，在此地此時向四處延伸，既是個體，同時也是尺度和普遍。」（參考書目6，pp.187-188）

這就是梅洛龐蒂晚期關於可逆性的思想，雖然在後期得以明確表達出來，但早期的肉身化主體思想，關於兩隻手之間的觸摸被觸摸關係的例子實際上已經包含了這樣的意思，只是後來把範圍推廣了。總之，「如果我沒有一個身體，而且如果他們沒有一個他們籍以能夠滑入我的場、能夠從內部多樣化我的場，並且在我看來能

夠被同一世界所吞噬且同我一樣著迷於同一世界的身體
的話，對於我來說，就既不存在著別人，也不存在著別
的精神。就算一切爲我的東西都是屬於我的，且都是在
被我的場所圍繞的條件下才對於我來說配稱存在，這並
不妨礙他人的出現，相反這使他人的出現成爲可能，因
爲我與我自己的關係已經被一般化了。」（參考書目7，
p.192）於是，他人問題先是回到身體問題、身體的器官
間可逆性問題、身體間的可逆性問題，最終在人與世界
間的可逆性中獲得解決。

　　我們不妨引述梅洛龐蒂關於繪畫知覺的看法來結束
本節。首先，繪畫體現了人與世界之間的可逆性，「在
畫家和可見者之間，角色不可避免地相互顚倒。這就是
爲什麼許多畫家都說，事物在注視他們……人們稱作靈
感（inspiration）的東西應該嚴格地看待：確實有存在的
吸氣（inspiration）和呼氣（expiration），有存在的呼吸
（respiration），有行動和激情，這幾乎難以分辨，以至於
我們不再知道誰看誰被看，誰畫誰被畫。」（參考書目
5，pp.31-32）其次，繪畫體現了自我與他人之間的可逆
關係，體現了在「肉」的基礎上進行的交流：「人是人
的鏡子。至於鏡子，它是具有普遍魔力的工具，它把事
物變成景象，把景象變成事物，把自我變成他人，把他
人變成自我。」（參考書目7，p.33）

三、文化世界與人的社會性

　　梅洛龐蒂在《知覺的首要地位及其哲學結論》中表示，《知覺現象學》在他人問題方面只是一種初步的研究，因爲它幾乎沒有涉及到文化和歷史。它以知覺爲基礎，「試圖確定一種更接近於當前的、活躍的、實在的方法，然後它應該在語言、知識、社會和宗教方面被運用到人與人的關係中，就像在這本書中被運用到了人與可感知的實在的關係中，以及在知覺經驗的層次上的人與他人的關係中一樣。」（參考書目12，p.25）我們在前一節中主要圍繞的就是知覺經驗層次上的人與他人的關係，即所謂的身體間性問題，這涉及到的是我與他人爲了共同面對外部自然世界而形成的關係。這固然是《知覺現象學》在探討他人問題時重點涉及的內容，但後來的作品並沒有忽略這一方面。

　　事實上，梅洛龐蒂在1950至1951學年還沒有完全離開這種早期思路。他於該學年在索邦大學開設了「兒童與他人的關係」的課程，以兒童爲例證，依然圍繞身體

經驗和知覺來探討他人問題。他這樣介紹他的課程：上一學年探討的是兒童與自然的關係，「相反地，這一學年涉及到的是兒童與他人的關係，涉及到兒童與他的父母、他的兄弟、姊妹、其他兒童的關係，如果我們還有講課時間的話，還要涉及他與學校環境、與他所屬於的社會階層、更一般地與他作為其一分子的文化、文明的關係。」（參考書目8，p.148）該課程並沒有真正展開兒童與他所屬文化和文明的關係。只是在隨後的《世界的散文》中，才明確地把重點放在了人與他人的文化的、知識的交流關係方面。當然，後一層關係並沒有否定作為基礎的知覺關係、身體間性關係。

按照梅洛龐蒂的看法，我被拋在某種自然之中，但自然並非完全是外在於我的沒有歷史的東西，它實際上可見於主體性的核心之中。或者說，自然事物是超越的，同時也是為我的，並不存在著真正的自在之物。我的生存中的許多方面也是如此，「在涉及我的身體、我的自然世界、過去、出生與死亡時，問題總是在於知道我如何能夠向種種現象開放——它們超越於我，但同時它們又只能在我把握到它們和我體驗到它們的範圍內存在。」（參考書目1，p.417）在這裡，梅洛龐蒂把許多我無法直接主宰的東西，比如生死之類看作是與自然事物具有相同性質的東西，但它們絕不是自在的，它們在我

的周圍，它們始終與我們相關聯。為此之故，他批評了
唯心論和實在論兩種傾向，「唯心主義使外在內在於自
我，實在主義使我服從於一種因果行動，它們竄改了內
在與外在之間的動機關係，並使得這種關係難以理解。」
（參考書目1，p.417）

　　也就是說，我的個體生存包含著理性設計的方面，
包含著我的意志可以支配的方面，但也不可避免地包含
著許多受自然法則支配的方面。我的生存由過去、現在
和將來構成。我有我的當下生存，我的現在時，但我還
有我的歷史，我的過去時，我也還有我的打算和理想，
我的將來時。這些方面不是如同物品一樣可以拿來用
用，也可以隨即丟棄的東西。這三維時間明顯將內在和
超越兩者結合在一起，它們都是我的、為我的，我無法
擺脫的，我撇開它們就不成其為我的東西。但過去和將
來卻又是超越於我的，比如出生和死亡這樣兩種極限情
形，都不是我的生存直接體驗到的。我們始終立足於現
在來考慮過去和將來，這當然不是一種客觀的反思，這
些超越的方面是屬於生存核心中的自然方面，而不是自
在的自然方面，也因此擺脫了純粹客觀性。事實上，社
會乃是我的生死的見證。

　　我的經驗不僅關涉到與超越的外部對象，而且還有
與我的作為超越之物的過去和將來的關係，也即在我的

當下的、直接的經驗之外尚有過去經驗和未來經驗。現在的問題是，我們不僅與外在超越方面、與自己的內在超越方面打交道，我們也生活在文化世界中，生活在由人的行爲打下烙印的世界中，「正像自然滲透到我個人生活的中心並與之交織在一起，同樣，行爲也下降到自然中，並以文化世界的形式支配自然。我不僅有一個物理世界，我不僅僅生活在大地、空氣和水的環境中，我在我周圍還有大道、農田、村莊、小路、教堂、用具、鈴鐺、杓子、煙斗。這些物體的每一種都銘刻著它所服務的人的活動的印記。每一物體都散發出一種人性的氣息。」（參考書目1，pp.399-400）顯然，在我的周圍出現的一切東西、我經歷過的任何東西都包含有人類文化的印記，實際上是他人活動的印記，我自己先前的知覺和經驗、別人的知覺和經驗無時無刻不在向我施加影響，或者說呼喚著我的注意。

這裡的文化或文明包括兩種情形：一是自己熟悉的文化和文明，一是陌生的文化和文明，它們都透過某些在手的或上手的東西而爲我所通達：「我參與其中的文明透過它提供的用具自明地爲我而存在。如果涉及到一種未知的和陌生的文明，多種多樣的存在方式或生活方式可能會呈現在廢墟上，呈現在我找到的折斷的工具上，或者呈現在我遊覽過的風景上。」（參考書目1，

p.400）這裡所謂的「未知的和陌生的文明」應該包含時間和空間兩個方面的因素，一是考慮「我參與其中的文明」與已經逝去的文明的關係，考慮的是文明的考古學背景，一是考慮「我參與其中的文明」與同一時代的不同地域上的文明、文化之間的關係，即西方文明與非西方文明的關係。後一方面並沒有展開，在《知覺現象學》中如此，在「兒童與他人的關係」和《世界的散文》中也是如此。

梅洛龐蒂考慮的是，他人不是自然世界中的一個對象，文化世界也不同於自然世界，我們正是借助於他人和文化世界的相互關係，不僅使他人，也使文化世界獲得證明，「透過文化客體，我感覺到了他人在無名面紗之下的接近的在場。人們利用煙斗抽煙，利用杓吃飯，利用鈴鐺召喚，正是透過知覺到某種人類行為和某個另外的人，文化世界的知覺才能夠被證實。」（參考書目1，p.400）在他看來，存在著多元的文化世界，而同一文化內部也有著多樣性和差異。就不同文化而言，儘管它們不一定是平行的，但也不會有真正的斷裂，它們是可以比較的，或者說有相通的地方，可以放在共同的尺度之下。就同一文化而言，儘管有著多種多樣的運作模式、人際關係模式、語言和思維模式，但是在這些方面始終存在著意義關聯。也就是說存在著某種關於人們之

間的永恆和諧的思想：「甚至在某些人試圖去奴役其他人時，他們也互把對方看作是『同夥』，他們有著如此共同的情景，以致對手也經常處於一種同謀關係之中。」（參考書目12，p.10）這種和諧應該是黑格爾式的辯證進程的結果，而不是前提或起點，這裡的同謀關係也因此類似於黑格爾的主奴關係。

在文化世界中，人們溝通的往往是涵義，是超越物性的東西，是打上人類印記的東西，或者說與人類的生存方式聯繫在一起的東西。這集中體現為行為和語言所包含的共同在世涵義：「我透過他人行為的涵義與他人溝通，但關鍵是要通達這種涵義的結構，也就是說，在他的話語甚至他的活動的下面，通達他的話語和活動得以準備的區域。我們已經看到，他人行為在意指某種思考方式之前表達某種生存方式。而當這一行為面向著我（就像在對話中發生的那樣），並且捕捉我的各種思想以便回應它們時，或者更為簡單的情形，當一些落在我的目光中的『文化對象』忽然與我的各種能力相一致，喚醒了我的意向並且使它們自己被我『理解』時，我就被帶入到了一種共在中──我不是這種共在的唯一構成成分，它確立了社會自然之現象，就如同知覺經驗確立了物理自然之現象一樣。」（參考書目2，p.239）

正是這種涵義關係，把我們引向某些普遍的東西，

讓我們指向某種真理的王國，讓不同文化之間可以交流與互動，從而讓人們認識到人類的共同命運：「比如說，人類學假定，既然最低程度的語言運用都已經隱含了一種真理的觀念，那麼，那些完全不同於我們的文明也能為我們所理解；它們可以處於與我們相關的情景中，反之亦然；所有的文明都歸屬於同一種思想域中。同樣，我們永遠不能企圖把歷史的冒險當作不同於我們當前行動的某種東西打發掉，因為即使是對最抽象的真理的最獨立的探求也已經是並依然是一種歷史的因素（也許這是我們唯一確信的不令人沮喪的因素）。所有的人類活動和創造構成為一齣單一的戲劇，在這個意義上，我們要麼一起被拯救，要麼一起被拋棄。我們的生命在本質上是普遍的。」（參考書目12，p.10）這顯然與沙特追求絕對自由的傾向有別。

　　就藝術而言，即便是「最孤獨的」塞尚也沒有擺脫交流，他缺少日常的交流，但他以另一種方式交流，他的作品不能缺少他人，「一個像塞尚這樣的畫家，一個藝術家，一個哲學家，應該不僅僅創造或表達一種觀念，而且要喚醒那些把該觀念紮根於其他意識之中的經驗。如果一部作品是成功的，它就有把自己傳授出去的奇特能力。憑藉繪畫或書的那些徵象，透過確定交叉印證，透過各方面的對比，在某種風格的模糊的光亮指引

下，讀者或觀眾最終能夠找到人們想要向我們交流的東西。畫家只能構造一個形象，他必須期待這一形象爲了其他人而活躍起來。作品匯合了這些分離的生命……」（參考書目3，pp.25-26）正如我們在第二章已經講到的，畫家在畫布上透過顏料來實現自己的自由，他應該等待其他人、等待他們的感受來證明他的價值、他的作品的意義，並印證普遍的人類自由。

　　語言在文化世界中起著非常重要的作用，其實質就在於實現個體與普遍的結合：「我說話，而且我相信我的心在說話，我說話而且我相信人們向我講話，我說話並且我相信某人在我身上說話，或者甚至某人在我向他說話之前就知道我將向他說的話——所有這些通常聯繫在一起的現象應該具有一個共同的核心。就像我們提出的那樣，如果我們習慣於按照藝術或語言的例子來形成歷史概念，那麼我們無疑在眞實的意義上重新發現了它：因爲從任何表達到任何別的表達的密切關係、這些表達對於由最初的表達活動所創立的一個單一秩序的共同歸屬實現了個體與普遍的結合，而表達（例如語言）完全是我們最個人地擁有的東西，與此同時它是面向其他人的，這使它具有了作爲普遍性的價值。」（參考書目7，p.120）關於語言中包含的制度性與個體創造性方面的關係，前面一章已經談到，我們在此不再重複。

　　儘管我們必須與他人共同在世，必須期待他人，但我們並不因此就受制於他人，唯他人馬首是瞻。在《哲學贊詞》中，梅洛龐蒂透過分析柏格森思想得出的重要結論是：「表達預設了要去表達的某一個人，他要表達的真理，他向之表達的其他人。表達和哲學的公設就是能夠同時滿足這三個條件。」（參考書目28，p.19）這首先承認了他人是表達活動包含的不可缺少的要素。接下來他談到他人的實質地位，他人既是不可缺少的，但也並不因此是主宰一切的：「我們與真實的關係得經由他人。要麼我們與他們一起通達真實，要麼我們通向的不是真實。但是極度困難的是，如果真實不是一個偶像，他人反過來也不是神靈。不存在沒有他們的真理，但是，為了通達真理，與他們一起是不夠的。」（參考書目28，p.20）他人和我一樣是真理的見證者，沒有他們，我始終囿於唯我的視域，但是他人也並不就是一切，我們不能因為他人而喪失自我。

　　最終來說，我們應該回到三要素的密切關係之中：「我既不只是根據真實，不只是根據我自己，也不只是根據他人來進行思考，因為三者中的每一個都需要其他兩者，犧牲任何一個都是無意義的。哲學的生命永不停息地在這三個基本點上得以提升。哲學之謎（和表達之謎）在於，生命在自我面前、在他人面前、在真實面前有時

是同樣的。它們就是為哲學提供保證的諸環節。哲學家只能依賴於它們。他永遠都既不接受讓自己對抗人類，不讓人類對抗自己或對抗真實，也不讓真實對抗人類。他願意同時無處不在，甘冒永遠都不完全在任何一處的危險。」（參考書目28，pp.20-21）這樣的結論既否定了胡塞爾的認識論意義上的唯我論，也否定了沙特的生存論意義上的衝突論，而且還否定了列維納斯的倫理學意義上的外在論。我們應該回到某種既不否定他人、也不否定自我的共在論。正是我和他人一起才能夠與真理同在。

事實上，選擇權仍然在我，「他人最終說來是由我自己選擇的一個同類……他人裁定我所做的一切，因為我繪畫是為了讓畫被觀看，因為我的行動擔保了別人的未來，但不管藝術還是政治都不是為了討好別人或者奉承別人。藝術家如同政治家，他期待的是把其他人引向某些價值，他們只是在後來才從這些價值中認識到他們自己的價值。畫家和政治家更多的時候是塑造他人而不是追隨他人。他們指向的公眾不是給定的，而是他們的作品將會吸引來的公眾……真實的歷史因此完全由我們而獲得生機，它正是在我們的現在中獲得了把其餘的一切重新置入現在之中的力量，我所尊重的他人由我而獲得生機，正像我由他而獲得生機一樣。哲學史不能剝奪

我的任何權力，不能剝奪我的任何原創性。」（參考書目
7，pp.121-122）

　　當然，我們並不是要回到生存論上的唯我論。在世
存在實際上已經表明，真正的唯我論是不可能的，「我
能夠構造一種唯我論的哲學，但這樣做，我預設了一個
說話的人的共同體，而且我對它講話。即使無限制地拒
絕成為任何東西也預設了某種被拒絕的、主體要與之疏
遠的東西。人們說要在他人和我之間進行選擇。但我選
擇此而不顧彼，於是我同時肯定了兩者。人們說，他人
將我變成客體並否定我，我將他人變成客體並否定他。
實際上，除非我們彼此退回到我們的能思考的自然基礎
中，除非我們彼此向對方致以非人的注視，除非每一方
都感覺到他的活動不是被重新把握或理解為而是被觀察
為昆蟲的活動的話，他人的注視就不會將我變成客體，
我的注視也不會將他變成客體。這是例如當我承受一個
不認識的人的注視時出現的情況。但即使這樣，一個人
被另一個人注視客觀化之所以被感覺到是難以忍受的，
僅僅因為它取代了可能的交流。一隻狗對我的注視絕不
會使我感到不安。拒絕交流仍然是一種交流樣式。」（參
考書目1，p.414）

　　如果我與一個尚未說過一句話的不認識的人打交
道，我可能會相信他生活在一個我的行動和我的思想不

值得進入其中的世界。但只要他說一句話，或者只要他
表現出一種不耐煩的姿態，他就已經不再超越於我：因
爲他使用了把個體與普遍聯繫在一起的的言語，因爲他
表達了他對處境的某種立場。這是對我的某種呼喚：它
要求我作出回應或者反應，也因此向我開啓了進入之
門。不管是哲學家的超然思考，還是畫家的孤獨創作，
導致的都是對話和交流，「除非某人不成爲什麼、不做
什麼就成功地在沈默中證明了他的生存（這是不可能
的，因爲生存就是在世），否則唯我論就不是嚴格眞實
的。」（參考書目1，pp.414-415）我們應該重新回到社會
中。我們之所以與社會聯繫在一起，是因爲我們生存
著，是因爲我們在一切客觀化之前就依戀著它。「歷史
就是其他人，它是我們與他們建立的相互關係，在這些
關係之外，理想的王國只能作爲藉口出現。」（參考書目
12，p.25）

　　事實上，我們對於任何社會或歷史形態的客觀認識
都取決於我們的生存關聯，「如果在我與過去和文明之
間不存在一種借助我的社會、我的文化世界以及它們的
視界的仲介至少潛在的交流，如果雅典共和國或羅馬帝
國的位置在我自己的歷史的邊界上的某個地方沒有標記
下來，如果它們沒有像許多有待認識的個體一樣不確定
但預先存在地被安置在那裡，如果我在我的生命中找不

到歷史的基本結構，關於過去和文明的客觀而科學的意識就是不可能的。當我們對它進行認識或進行判定時，社會已經存在在那裡了。個人主義的或社會學的哲學是某種對體系化的和加以了說明的共在的知覺。」（參考書目1，p.415）從文化世界的角度探討他人，梅洛龐蒂依然考慮的是為知識和科學提供一種知覺基礎，一種生存基礎。

在民族和階級等問題上，人們往往從客觀的角度考慮問題，往往從科學的角度考慮問題，梅洛龐蒂以俄國十月革命為例予以否定：「儘管存在著文化、道德、職業和意識形態差異，1917年的俄羅斯農民在戰鬥中與彼得格勒和莫斯科的工人們匯集在了一起，因為他們感覺到他們的命運是相同的；在成為堅定的意志的對象之前，階級是具體地被體驗到的。社會原初地不是作為對象、不是以第三人稱存在的。打算把它看作是對象乃是好奇者、偉人和歷史學家的共同錯誤。」（參考書目1，p.416）他人和社會意味著人的共在模式，但這是某種具體的而非抽象的共在模式，「在所有的革命中，都有占優勢地位的人加入到革命階級中來，都有受壓迫者效忠於占優勢地位者。每一個民族都有其叛徒。這是因為民族或階級既不是從外面使個體服從的必然力量，也不是他從內部產生的價值。它們是召喚著他的共在模式。」

（參考書目1，p.417）顯然，還是由我來選擇我所認同的
他人。

　　當然，僅僅克服客觀論並不意味著唯我論問題的解
決，還是應該回到一種含混的姿態。也就是說，我們不
能否認我的優先地位，但與此同時不應該否認他人對於
這種優先地位的要求。這意味著，就像存在著自然方面
的超越之物一樣，我們應該承認社會現象中也存在著與
我密切相關的超越，或者說我的內在性並不能夠排斥超
越的方面，「社會的生存樣式問題在此與全部的超越問
題匯流。」（參考書目1，p.417）「如果過去和世界存在，
它們應該有一種原則的內在，它們只能夠是我在我後面
或者在我周圍所看到的東西；它們應該有一種事實的超
越，在作為我的表達活動的對象呈現之前，它們存在於
我的生命中。」（參考書目1，p.418）我的生存彷彿是一
個核心，我不能直接領會的生死始終與我的生存相關，
而不是客觀外在的東西。同樣，他人也不是客觀外在
的，他不是認識的對象，他始終與我的生存經驗聯繫在
一起。

　　我不知我從哪裡來，也不知我到哪裡去，因為我對
自己的生死不可能有直接領會，它們構成為我的超越之
維，同樣，他人也構成我的超越之維，「我感覺到我被
連結到一種我既無法想到其開始也無法想到其結束的不

可竭盡的生命之流中，因為仍然是還活著的我在思考開始與終結，因此我的生命領先我的生命並始終繼續延存。」「就像我的死亡時刻對於我是一個不可達到的未來一樣，我完全確信不能夠體驗到他人向他自己的呈現。而與此同時，每一他者以不容置疑的共在的式樣或環境的名義為我而存在，我的生命有一種社會氛圍，就像它有一種死亡的味道一樣。」（參考書目1，p.418）與此同時，正是透過他人，我領會到了我的生與死，也正是透過對生的回顧和對死的前瞻，我領會到了他人。

第六章

在繼往與開來之間：

綜合─評論之維

梅洛龐蒂哲學歸根到底是一種身體現象學，用身體
主體取代了意識主體，由此導致了哲學主題的轉化、哲
學立場的變遷。我們由此應該在整個西方哲學，尤其是
近代哲學的發展和演進中來看待其哲學的命運和使命。
我們認為，透過分析探討這種哲學，既有利於回顧哲學
的歷史，又有利於前瞻哲學的未來。

一、　超越主體形而上學

在我們看來，梅洛龐蒂哲學在哲學史上具有一種
「含混的」地位。一方面，他確實與形而上學，尤其是主
體形而上學保持著相當的距離，而且開闢出了一些比較
典型的衝破主體形而上學的路徑。另一方面，他不僅沒
有與形而上學斷絕聯繫，而且他的後期作品恰恰要追問
「什麼是形而上學家？」：《世界的散文》著眼於語言的
形而上學意義，《可見的與不可見的》則著眼於「野性
的」或「蠻荒的」存在。於是，他似乎是在批判的基礎
上重建形而上學。按照他的遺稿整理者勒福爾的看法，
「他發現了『意識哲學』與之聯繫在一起的圈套，而他本

人對古典形而上學的批判並沒有使他擺脫之。他面臨著
為他所進行的身體和知覺分析提供一種本體論基礎的必
要性。」（參考書目7，p.XI）按照我的看法，到梅洛龐
蒂所處的時代，西方哲學經歷了本體論意義上的外在形
而上學（從希臘哲學之初始到中世紀哲學之結束）、認識
論意義上的內在形而上學（自笛卡兒至黑格爾的近代哲
學）和生存論意義上的此在形而上學（自十九世紀中葉
至二十世紀五○年代末的現代哲學）三大階段。他的身
體現象學典型地代表著第三階段。

　　外在形而上學關注的是超越性，圍繞對象意識來探
討外在於人的物質對象或者精神對象，其目標是為人及
其生存找尋外在的根據。這種超越性具有相對超越性和
絕對超越性兩種形式。在希臘哲學中，不管是樸素的物
質本原，還是理念之類的精神本原，均為相對的超越對
象。在中世紀哲學中，上帝則構成為絕對的超越對象。
在各種以相對超越性或絕對超越性為中心的哲學體系
中，人看起來受到了掩飾或遮蔽，實際上體現出的是他
的被動性。在這些哲學體系中不存在著主體的自覺，沒
有形成所謂的主體形而上學。

　　內在形而上學關注的是內向性，圍繞自我意識內向
地追問人自身的本性和秘密，其目標是為人及其生存確
定內在的根據。自我意識有經驗的自我意識（主要指內

感)、先驗的自我意識與絕對的自我意識三種形式,它們分別在英國經驗論、大陸唯理論和德國古典哲學中體現出來。近代哲學表現爲各種以人爲中心的學說,是完全意義上的主體形而上學形式。先驗主體形式尤其占有優勢地位,最終表現爲以內在的理性法庭裁定一切。斯賓諾莎說:「觀念的次序和聯繫與事物的次序和聯繫是相同的。」(參考書目35,p.49)但近代哲學最終說來都停留在觀念的次序和聯繫中,事物的次序和聯繫被懸置一邊。這種主體形而上學也因此是一種關於內在意識的哲學,是一種觀念論。

此在形而上學關注的是生存性,圍繞時間意識來描述人在周圍世界、生活世界、文化世界中的處境,其目標是爲人及其生存顯現當下的根據。海德格的此在概念、沙特的人的實在概念、梅洛龐蒂的肉身化主體概念都可以歸於此在範疇之內。它體現爲外在和內在的統一、客體和主體的統一,體現爲「道」眞正變成「肉身」,它們把人鎖定在周圍世界、生活世界之中。於是近代的內在形而上學讓位於現代的此在形而上學。在這一時期,「此在」意味著精神的外化、「心靈」的「物化」,雖然有否定唯靈論的意思,但依然保留了精神性因素的核心地位。也就是說,現代哲學不再關心純粹意識主體,也沒有回到外部對象之中,它關注的是現身於某

一處境中的主體，從而調和了前此兩種形而上學形態。

　　梅洛龐蒂很少回到哲學的希臘時代，更不會求助於全能的上帝。他似乎更多地立足於現代性視野。這樣一來，問題的關鍵就在於理清近代主體形而上學向現代此在形而上學的演進，並定位他在其中扮演的角色。在前面有關章節中，我們已經非常明確地勾勒了梅洛龐蒂對於理智主義和經驗主義以及批判主義的批判超越姿態，同時也表明，這種批判超越是在胡塞爾後期思想、海德格思想的背景中進行的。這表明了他的哲學與現代哲學的大勢相一致。與此同時，由於它抓住了現代哲學的諸個核心主題，而不是局限於某一視角，使它構成為突破近代主體形而上學的生力軍。也就是說，由於藝術性思維對科學思維的取代，由於「身體的造反」、「語言學轉向」和「他者的浮現」，此在形而上學取代了內在形而上學，而梅洛龐蒂哲學更為集中地體現了這種趨勢。

　　總之，對照分析梅洛龐蒂哲學與近代哲學，我們可以看到兩者之間的根本差異：近代哲學確立的是純粹意識的絕對霸權地位，身體作為物質性力量只有次要的意義，因而被排斥在觀念分析之外；只因語言是純粹意識的透明工具，它也就喪失了自身的獨立存在，因而失落在無邊的觀念分析之中；只因純粹意識實為普遍意識，他人也就顯示不出其差異，因而消融或者同化在普遍理

性主體中了。在現代哲學中，純粹意識的地位逐漸衰
退，經驗身體的地位漸顯，在本己身體中體現出了身心
交融；也正是因為純粹意識的退場，不再存在著透明語
言與意識的結盟，「介入意識」使個體和語言都為處境
和歷史所包圍，語言處於表象與創造的張力之中；由於
普遍意識的解體，他者問題也就產生了：我們必須正視
與他人或衝突或共存的關係，於是他人有了相對的地
位。

二、在結構分析的途中

　　二十世紀哲學不僅實現了近代哲學向現代哲學的轉
換，而且開啓了所謂的後現代哲學。就法國哲學而言，
結構主義用語言分析來取代主體的中心地位為後現代主
義奠定了基礎。自此以後，法國哲學圈中瀰漫的是諸如
「哲學的終結」、「歷史的終結」、「人的終結」之類的喧
嚷。梅洛龐蒂因為在1961年就已英年早逝，未能加入到
結構主義行列。儘管如此，他對這一運動卻起到了重要
作用，我們在第四章中已經談到，李維斯陀和傅柯都肯

定了他的語言思考的意義。英國學者雷契甚至在「早期
結構主義」名下介紹梅洛龐蒂的思想。

雷契這樣寫道：「儘管梅洛龐蒂可能仍是法國的一
位『意識哲學家』，但他逐漸地離開了沙特的現象學，也
許還有胡塞爾的現象學。特別是，梅洛龐蒂在四〇年代
末和五〇年代初思考和教授語言問題時引進了索緒爾的
觀點。五〇年代期間，他就充分認識到了索緒爾對李維
斯陀的著作的影響，並同後者結成了緊密的同盟。」（參
考書目59，p.51）說梅洛龐蒂離開沙特的現象學，無疑是
可以的，正如我們在前面多處講到的，他始終否定自在
自為的二分，用處境意識來取代超然的見證意識。但這
並不必然意味著倒向結構主義。說他離開胡塞爾現象學
則似乎不恰當，我們還是用創造性誤讀來表達這個意
思。最終說來，他的哲學沒有真正離開現象學，但確乎
又與結構主義有著牽連。

問題當然不在於從梅洛龐蒂的思想中發現結構主義
的成分，他接受索緒爾的影響是非常明顯的。不過，他
閱讀和講授索緒爾顯然另有用心，那就是拓展現象學的
空間，爭奪生活世界和文化領域的解釋權。事實上，現
象學不去關注語言問題，就會很快遠離哲學的中心舞
台。具有危機意識的梅洛龐蒂敏銳地看到了這一點。因
此他和後來的結構主義者一樣，「把語言學的各種準則

運用於潛意識的各種現象。」（參考書目60，p.50）根據
梅洛龐蒂對於李維斯陀的理解，這意味著：「任務在於
拓展我們的理性，使之能夠理解在我們自身和在他人那
裡先於或超出理性的東西。」（參考書目28，p.92）他當
然不是在客觀地讀解結構主義，他實際上與之共鳴。他
提出「必須形成一種關於理性的新觀念」（參考書目3，
p.7）、「最高的理性與非理性相鄰」（參考書目3，p.8）
也就不足為怪了。

　　這樣一種語言學思考和理性觀與某種病理學思考和
分析方式聯繫在一起。不管是梅洛龐蒂還是結構主義者
拉岡和傅柯，都經常從反常經驗出發來進行分析。病理
學和精神分析學探討不可避免地與語言問題聯繫在一起
的，這在結構主義當然要更為明顯一些。不過，梅洛龐
蒂始終在做出不懈的努力。他根據幻肢現象來分析身體
意向性，從特殊交往行為的角度來解釋塞尚的類精神分
裂症都是證明。然而，他的這種救亡和擴張並舉的努力
在現象學事業上卻沒有產生完全積極的效果，倒是真正
地推動了結構主義走上歷史舞台。根據雷契的說法，梅
洛龐蒂為使語言成為其後期哲學關注的中心而作的努
力，透過對索緒爾的閱讀而激勵了早期結構主義。比如
說，後來的結構主義者格雷馬斯聆聽過梅洛龐蒂在法蘭
西學院的就職演說，他「離開時產生了一種感覺，覺得

索緒爾為真正的歷史哲學提供了一把鑰匙。」（參考書目
59，p.55）

　　梅洛龐蒂哲學的含混特色，使它處於傳統形而上學
的邊緣。這或許為結構主義的語言分析和後結構主義的
文本解構提供了絕佳的實例。當然，結構主義尚有二元
對立的傾向，反倒沒有梅洛龐蒂哲學走得遠。但後結構
主義又回到了這樣一種含混姿態。希利斯·米勒（Miller）
這樣來確定解構主義的性質：「解構主義既非虛無主
義，亦非形而上學，而只不過就是作為闡釋的闡釋而
已，即透過細讀文本來理清虛無主義中形而上學的內
涵，以及形而上學中虛無主義的內涵。」（參考書目44，
p.167）可以看出，解構主義停留在「哲學的邊緣」或者
說「形而上學的邊緣」。梅洛龐蒂哲學處於現代哲學向後
現代哲學的轉捩點上，非常明顯地與二十世紀中葉哲
學、尤其是當時的法國哲學的「邊緣」特徵合流。

　　按照我的看法，後現代哲學並沒有完全遠離包括梅
洛龐蒂哲學在內的現代哲學。就法國哲學而言，不管是
存在主義和解釋學，還是結構主義和後結構主義，它們
都可以在胡塞爾現象學中找到其方法論之源泉，也都在
海德格的學說中獲得了靈感。它們之間也因此始終有著
剪不斷的關聯。我們可以把後現代哲學看作是現代的此
在形而上學的更極端的推進。現代哲學抑制意識的張

揚，使超然意識成為一種處境意識，為它找到了現實的
根基；後現代哲學在意識處境化的基礎上使之徹底物
化，於是，主體不再是一種創造性的、支配性的力量，
相反地成為被構造之物：他服從有關生命、生產和語言
的規律，我們只有透過他的語詞、他的機體、他製造的
產品才能夠理解他（參考書目19，p.324）。傅柯的這種主
體終結論，針對的仍然是意識主體，和梅洛龐蒂一樣強
化了人的處境意識。後者顯然可以充當從現象學到結構
主義的橋樑角色。

三、堅持一種保守姿態

　　在《哲學贊詞》，梅洛龐蒂強調，法蘭西學院不是
要告訴人們以真理，而是傳達一種自由研究的理念，而
「哲學的非知（non-savoir）達到了它的這種研究精神的頂
點。」（參考書目28，p.1）面對超然的、鳥瞰式的思維，
面對客觀的科學知識對於被知覺世界、世界的神秘、身
體經驗、知覺經驗、藝術經驗的強勁擠壓，面對著人與
人之間的日益嚴重的衝突，梅洛龐蒂透過對「非知」和

「非思」進行哲學「反思」，無疑向我們提出了重新審視哲學功能的任務。梅洛龐蒂發現，像蘇格拉底和柏格森這樣的哲學家尤其可以為我們提供某種啟示。

蘇格拉底不談自然而論人性，讓哲學從天上回到人間。但奇怪的是，整天談論人性的哲學家卻不食人間煙火。因為按照喜劇家阿里斯多芬的描述，這個非現實色彩的哲人實際上生活在「雲」中，在一個懸空的「籃子」中。作為西方哲學第一座豐碑的柏拉圖哲學正是借助精神助產婆蘇格拉底而橫空出世的，影響持久的柏拉圖主義一直按照理想的藍圖為哲學規定了基本的使命，理念世界和日常生活世界的二分構成為整個西方哲學的最根深柢固的二元對立。二千多年來，西方世界一直讚美的是這種理想主義、唯心主義或理性主義。然而，蘇格拉底飲鴆離世，柏拉圖虛構「理想國」，為哲學預設了漂泊的宿命。這就要求我們看到哲學的消極功能或者說批判功能，但同時不能忘記我們生存在世。

黑格爾無疑希望建立起絕對知識的大廈，但正如梅洛龐蒂所說，「即便那些願意建構一種完全積極的哲學的人們，也總是就他們同時放棄了處於絕對知識之中的權利而言才是哲學家。」（參考書目28，p.2）梅洛龐蒂指出，從表面上看，哲學幾乎沒有什麼難題要解決，沒有什麼事情要做，在時代的爭論中也無所作為。但柏格森

告訴我們，哲學家所能做的一切不過是質疑這個世界，「他不僅要求哲學創立答案，而且要求它創設問題。」（參考書目28，p.8）因此，哲學家不應該在書齋上陶醉於抽象的推論。哲學儘管「無用」，但並非不關注人類命運，它只是採取了另外的方式，它拒絕不加思考地認同事情的現狀。

　　當然，哲學家並不自命不凡：蘇格拉底的反諷並不只是針對別人，同時也針對自己。他唯一知道的是不存在絕對知識，並因此始終保持開放的心靈。但是，社會卻要求哲學家提供積極的東西，於是就產生了衝突。正像梅洛龐蒂指出的，「有理由擔心，我們的時代也在拒斥生活在這個時代的哲學家，哲學只得再一次高處雲中。」（參考書目28，p.26）哲學研究就是去尋求，但「我們今天幾乎不尋求。」（參考書目28，p.26）哲學研究就是去觀察，但「在否定與憂愁情緒代替了確定性的這個世界中，人們尤其不尋求去觀察。」由於哲學主張尋求和觀察，「於是它就被看作是瀆神的。」（參考書目28，p.27）

　　顯然，在梅洛龐蒂看來，哲學並不是不行動，而是為自己規定了某種有別於眾人的行動類型。哲學是時代的警醒者，是在說話的人。但他並不是代眾人而言，他很可能發出的是時代的雜音和雜訊，他與時代並不合

拍。或許我們的確可以不理會哲學家的喋喋不休，正像
帕斯卡爾說過的，「能嘲笑哲學，這才眞是哲學。」（參
考書目34，p.6）但不可否認的是，儘管針對的對象各有
不同，柏拉圖、笛卡兒、啓蒙哲學家們、康德、馬克
思、法蘭克福學派的思想家們、傅柯等偉大哲人都是哲
學的批判功能的化身。當然，批判並不是要遠離社會現
實。梅洛龐蒂眞正要說的是，哲學不會苟同流俗，但並
不遠離人間。它不唯原則，但依循眞理。

　　批判並不意味著始終向前，向後回溯同樣是其本
分。儘管梅洛龐蒂對哲學傳統進行了各種批判，但他最
終還是要在哲學傳統中尋找有用的東西。德勒茲說哲學
永遠是創造概念的，而我們以爲哲學始終要回到一些先
前的概念，不過需要一定的修正和改造。面對知識和話
語越來越強勁的擠壓，經驗正是一個可以透過改造而加
以重新利用的概念。梅洛龐蒂透過批判傳統經驗論和唯
理論爲我們提供了這一經驗概念，傅柯透過知識的考古
和道德譜系的清理，爲我們提供的差不多也是這樣的經
驗概念。我們越來越遠離經驗和具體，我們被迫接受與
自己毫無干係的知識。知識和話語彷彿成爲自然（本性）
之外的第二實在，但其源泉卻只能是經驗。

　　美國學者林賽·沃特斯（Waters）在北京大學做演
講時，引述休謨（Hume）的「除了經驗所得之外，我們

沒有任何知識」來爲經驗做辯護。他強調智性的知識或
超驗的知識是經驗的敵人，知識主體是經驗主體的敵
人。在他看來，我們應該回歸經驗，因爲經驗具有審美
的涵義，意味著可能性，「它始終是那個它還沒有完全
變成的東西」，「是某種人們只能經歷而永遠無法擁有的
東西」（參考書目45，p.2）。作者在其前言中引用傅柯和
梅洛龐蒂來爲「經驗的詩學」作辯護。在我們看來，爲
了克服文化唯物論時代的精神危機，爲了解除知識爆炸
帶來的身心物化，經驗的確是最好的矯正劑。我們不應
該像德希達或巴爾特那樣追求文字遊戲中的愉悅，也不
應該像李歐塔和詹明信（Jameson）那樣被迫認同新的知
識規則或者文化邏輯，而是應該像梅洛龐蒂和晚期傅柯
那樣從經驗中尋找到某些具有啓示意義的東西。

參考書目

1. Merleau-Ponty, M. (1945). *Phénoménologie de la Perception.* Éditions Garlimard.
2. Merleau-Ponty, M. (1990). *La Structure du Comportment.* Éditions Quadrige.
3. Merleau-Ponty, M. (1996). *Sens et Non-sens.* Éditions Garlimard.
4. Merleau-Ponty, M. (1953 et 1960). *Éloge de la Philosophie et Atres Essais.* Éditions Garlimard.
5. Merleau-Ponty, M. (1964). *L'Oeil et L'Esprit.* Éditions Garlimard.
6. Merleau-Ponty, M. (1964). *Le Visible et Invisible.* Editions Garlimard.
7. Merleau-Ponty, M. (1969). *La Prose du Monde.* Éditions Garlimard.
8. Merleau-Ponty, M. (1997). *Parcours.* Éditions Verdier.
9. Merleau-Ponty, M. (1947). *Humanisme et Terreur.* Éditions

Garlimard.

10. Merleau-Ponty, M. (1955). *Les Aventure de La Dialectique.* Éditions Garlimard.

11. Merleau-Ponty, M. (1964). translated by McCleary, R. C. *Signes.* Northwestern University Press.

12. Merleau-Ponty, M. (1964). *The Primacy of Perception and Other Essays.* Edited and Translated by Edie, J. M. Northwestern University Press.

13. Langer, M. (1989). *Merleau-Ponty's Phenomenology of Perception: A Guide and Commentary.* Macmillan Press.

14. Derrida, J. (1981). *Margins of Philosophy.* The University of Chicago Press.

15. Low, D. (2001). "Merleau-Ponty on Truth, Language, and Value." *Philosophy Today.* Spring.

16. Descaetes, R. (1995). *Discours de la Méthode; Les Passions de L'ame.* Bookking International.

17. Ricoeur, P. (1978). *The Philosophy of Paul Ricoeur. An Anthology of His Work.* ed. Reagan., C.-E. & Stewart, D. Beacon Press.

18. Sartre, J.-P. (1943). *Lêtre et Néant.* Éditions Garlimard.

19. Foucault, M. (1966). *Les Mots et Choses.* Éditions Garlimard.

20. Foucault, M. (1994). *Dites et Écrits (IV)*. Éditions Garlimard.

21. Foucault, M. (1989). *L'Archéologie du Savoir*. Éditions Garlimard.

22. Levinas, E. (1982). *Ethique et Infini*. Librairie Arthème Fayard et Radio-France.

23. Mohanty & Mekenna (1989). *Husserl's Phenomenology: A Textbook*. University Press of America.

24. Barbaras, R. (1989). *L'Autrui*. Éditions Quintette.

25. Descombes, V. (1980). *Modern French Philosophy*. Cambridge University Press.

26. Bernard, M. (1995). *Le Corps*. Éditions du Seuil.

27. 梅洛龐蒂（2001）。《知覺現象學》。商務印書館。

28. 梅洛龐蒂（2000）。《哲學贊詞》。商務印書館。

29. 梅洛龐蒂（2002）。《知覺的首要地位及其哲學結論》。北京三聯書店。

30. 梅洛龐蒂（1992）。《眼與心：梅洛龐蒂現象學美學文集》。中國社會科學出版社。

31. 沙特（1987）。《存在與虛無》。北京三聯書店。

32. 李維斯陀（1987）。《野性的思維》。商務印書館。

33. 笛卡爾（1986）。《第一哲學沈思集》。商務印書館。

34. 帕斯卡爾（1995）。《思想錄》。商務印書館。

35.斯賓諾莎（1991）。《倫理學》。商務印書館。

36.黑格爾（1982）。《小邏輯》。商務印書館。

37.尼采（1996）。《希臘悲劇時代的哲學》。商務印書館。

38.胡塞爾（1988）。《歐洲科學危機與超驗現象學》。上海譯文出版社。

39.胡塞爾（1986）。《現象學的觀念》。上海譯文出版社。

40.胡塞爾（1997）。《胡塞爾選集》。上海三聯書店。

41.胡塞爾（2002）。《笛卡爾式的深思》。中國城市出版社。

42.海德格（1987）。《存在與時間》。北京三聯書店。

43.哈貝馬斯（2001）。《後形而上學思想》。譯林出版社。

44.王逢振等編（1991）。《最新西方文論選》。灕江出版社。

45.沃特斯（2000）。《審美權威主義批判》。北京大學出版社。

46.高宣揚（2002）。《布爾迪厄》。生智出版社。

47.王克千等（1981）。《存在主義述評》。上海人民出版社。

48.崇溫主編（1986）。《存在主義哲學》。中國社會科學

出版社。

49.章士嶸等編（1996）。《當代西方著名哲學家評傳（心智哲學卷)》。山東人民出版社。

50.俞吾金等（1990）。《國外馬克思主義流派》。復旦大學出版社。

51.江怡主編（1998）。《走向新世紀的西方哲學》。中國社會科學出版社。

52.倪梁康（1999）。《胡塞爾現象學概念通釋》。北京三聯書店。

53.倪梁康等（2001）。《中國現象學與哲學評論（第四輯)》。上海譯文出版社。

54.施皮格伯格（1995）。《現象學運動》。商務印書館。

55.陳立勝（1999）。《自我與世界》。廣東人民出版社。

56.柏格森（1999）。《材料與記憶》。華夏出版社。

57.貝勒（2001）。《尼采、海德格與德希達》。社會科學文獻出版社。

58.阿爾諾等（2001）。《普遍唯理語法》。湖南教育出版社。

59.雷契（2002）。《敲開智者的腦袋》。新華出版社。

60.特羅蒂尼翁（1992）。《當代法國哲學家》。北京三聯書店。

61.鷲田清一（2001）。《梅洛龐蒂：認識論的割斷》。河

61.鷲田清一（2001）。《梅洛龐蒂：認識論的割斷》。河北教育出版社。

62.高新民等編（2002）。《心靈哲學》。商務印書館。

63.考夫卡（1997）。《格式塔心理學原理》。浙江教育出版社。

梅洛龐蒂　　　　　　　　*當代大師系列 31*

作　　者／楊大春

出 版 者／生智文化事業有限公司

發 行 者／葉忠賢

登 記 證／局版北市業字第 677 號

地　　址／台北縣深坑鄉北深路三段 260 號 8 樓

電　　話／(02)86626826

傳　　真／(02)26647633

印　　刷／偉勵印刷事業股份有限公司

初版二刷／2008 年 11 月

定　　價／新臺幣：200 元

I S B N:957-818-506-5

E-mail: shengchih@ycrc.com.tw

國家圖書館出版品預行編目資料

梅洛龐蒂 ＝Maurice Merleau-Ponty／楊大春
著.－－初版.－－臺北市：生智，2003〔民
92〕
　　面：　公分.－－（當代大師系列；31）
參考書目：面
ISBN　957-818-506-5（平裝）

1. 梅洛龐蒂（Merleau-Ponty, Maurice, 1908
-1961）－學術思想 － 哲學

146.79　　　　　　　　　　　92005109